Praxis der Kindertagespflege

Vom Rat zur Tat

Praxishandbuch Fachberatung für die Kindertagespflege

Jutta Hinke-Ruhnau

1. Auflage 2012

Carl Link

Bibliografische Informationen der Deutschen Bibliothek
Die Deutsche Bibliothek verzeichnet diese Publikation in der Deutschen Nationalbibliografie; detaillierte bibliografische Daten sind im Internet über http://dnb.ddb.de abrufbar.

Umfangreiche zusätzliche Materialien zu diesem Buch erhalten Sie im Internet unter www.kindertagespflege-aktuell.de nach der Eingabe des Freischalt-Codes (CLZRHMRSM)

Verlagsnummer 2807.12 – Art.-Nr. 06215000 (ISBN 978-3-556-06215-9)

Fotos Umschlag: fotolia.de (Abstract landcape II © arsdigital. Von Kindern bemalte Wand © Harald Biebel/Handprints in different colors in a mutal © Toniflap/Mum playing with two children © nyul/Jeune femme à son bureau © B. Piccoli/Adult and young women with documents © lite)

Verantwortlich:
Carl Link, Wolters Kluwer Deutschland GmbH
Adolf-Kolping-Straße 10, 96317 Kronach
E-Mail: info@wolterskluwer.de
Internet: www.wolterskluwer.de

Satz: Satz-Offizin Hümmer GmbH, Waldbüttelbrunn
Druck: Drukarnia Skleniarz, Kraków

Für Edeltrud und Bernhard

Inhaltsverzeichnis

Vorwort

Eine wesentliche Aufgabe der landesweiten Fachberatung ist die Vernetzung der Kommunen und damit die der örtlichen Fachberatungen der Kindertagespflege. Eine weitere Aufgabe ist die niedrigschwellige, unkomplizierte Beratung und Information per Telefon und E-mail. Denn das ist genau das, was die Fachberatungen im Alltag brauchen: Kurz mal ein Anruf oder eine Mail und dann eine kurzfristige Antwort auf eine aktuelle Frage.

Die Unterstützung der Kommunen bei der Entwicklung von fachlichen Standards ist für die Qualitätsentwicklung genauso wichtig wie die Planung und Organisation von Fortbildungen für die Fachberatungen. Im Landesjugendamt Rheinland haben wir deshalb einen »Runden Tisch Kindertagespflege« eingerichtet, zu dem aus den einzelnen regionalen Arbeitskreisen entsandte Fachberater/innen kommen und gemeinsam genau diese fachlichen Standards entwickeln, an denen sich dann alle Kommunen aus dem Rheinland orientieren können.

Fachberatung ist für den Aspekt der Bildung ein guter Multiplikator. Wir haben für das Rheinland ein reichhaltiges Angebot an Fortbildungsveranstaltungen. Diese Veranstaltungen sind an aktuellen wissenschaftlichen Erkenntnissen orientiert. Hier haben die Fachberatungen der kommunalen und freien Träger die Möglichkeit ihr pädagogisches Wissen zu erweitern und zu vertiefen und dies dann in die Praxis zu transferieren. Im Ministerium für Familie, Kinder, Jugend, Kultur und Sport findet eine regelmäßige Arbeitsgruppe statt, in der das Landesjugendamt Rheinland mitarbeitet. Hier werden sowohl aktuelle Themen als auch Qualitäts- und Strukturentwicklungsfragen in der Kindertagespflege bearbeitet. Zu manchen Sitzungen werden Experten und Expertinnen zu bestimmten Themen aus der Kindertagespflege eingeladen. Diese aktuellen Bildungsthemen lassen sich dann über den Runden Tisch bis in die Praxis multiplizieren. Offizielle Informationen über Rundschreiben an die Jugendämter sind genauso wichtig wie E-Mail-Verteiler, die einen schnellen Informationsaustausch möglich machen. Diese Art der unkomplizierten und wechselseitigen Kommunikation ist hilfreich, da die meisten Fachberatungen unter Zeitdruck stehen und so ein schneller und formloser Informations- und fachlicher Austausch stattfinden kann.

Die Fachberatung auf der Landesebene hat eine Moderationsfunktion für die Fachberatungen in den Kommunen, sie ist aber gleichzeitig auch eine Dienstleistung für die Kommunen. Dazu kommt die Brückenfunktion zwischen der Praxis und den Fachgremien. Das Landesjugendamt wird zu diversen Themen von unterschiedlichen Stellen und Fachgremien um Stellungnahmen gebeten. Für diese Stellungnahmen ist ein möglichst naher Bezug zur Praxis sehr wichtig. Im Landschaftsverband Rheinland treffen Politik und Verwaltung auf überörtlicher Ebene zusammen.

Es gibt einen regelmäßigen und aus meiner Sicht auch konstruktiven Dialog.

Neben der Entwicklung einer Grundhaltung zur Kindertagespflege wird es immer wichtiger für die Fachberatung in der Kindertagespflege die spezifischen Aufgaben der kommunalen Fachberatung zu klären. Das Anforderungsprofil ist vielfältig und sehr anspruchsvoll und erfordert dementsprechende Kompetenzen, die entweder schon vorhanden sind oder noch weiterentwickelt werden müssen.

Für die Arbeit in der Kindertagespflege ist neben der fachlichen und personalen Kompetenz ein starkes Selbstwertgefühl und die grundlegende Überzeugung professionellen Handelns wichtig. Die Fachberatung sollte auch gerade an dieser Stelle unterstützend wirken.

Ich wünsche Ihnen, liebe Leser/innen, dass Ihnen dieses Buch viele Anregungen für Ihre Fachberatungspraxis geben kann, die Sie in Ihren Netzwerken nutzbringend für die Kindertagespflege umsetzen können.

Petra Hahn
Fachberatung Kindertagespflege Landesjugendamt Rheinland

1. Einführung

Kindertagespflege ist eine Betreuungsform, in der Bildung, Betreuung und Erziehung von Kindern durch eine geeignete Fachkraft für Kindertagespflege geschieht. Die Kindertagespflege hat wie die Kindertageseinrichtungen einen Bildungsauftrag und soll Kinder in ihrer Entwicklung zu einer eigenverantwortlichen und gemeinschaftsfähigen Persönlichkeit fördern. Die noch immer am häufigsten vorkommende Form der Kindertagespflege ist die in den Räumen der Fachkraft für Kindertagespflege. Dadurch findet individuelle Bildung, Betreuung und Erziehung in einem familiären Rahmen statt, der anderen Bedingungen unterliegt als das in einer Einrichtung der Fall ist. Zwei weitere Formen der Betreuung in der Kindertagespflege sind das Angebot in den Räumen der Personensorgeberechtigten – im Wohnumfeld des Kindes – und die Form der Großtagespflegestelle, die in ausreichend großen Räumen der Fachkraft oder in angemieteten Räumen in einem Verbund von Fachkräften der Kindertagespflege stattfindet.

Seitdem 2005 die Situation der Kindertagespflege im achten Sozialgesetzbuch gesetzlich grundlegend geändert wurde, haben die Träger der öffentlichen Jugendhilfe zunehmend mehr Verantwortung für dieses Betreuungsangebot übertragen bekommen. Die gesetzliche Änderung in Bezug auf die Ausweitung der Erlaubnispflicht, der Qualifizierungsmaßnahmen für Fachkräfte in der Kindertagespflege und der Verpflichtung zur Ersatzbetreuung, wenn eine Fachkraft für Kindertagespflege verhindert ist, hat dazu geführt, dass die Professionalität der Kindertagespflege diskutiert, gefördert und ausgebaut wurde. Die Aufgaben der Fachdienste in den Kommunen nahmen durch dieses erhöhte Anforderungsprofil zu und mussten neu strukturiert und ausgebaut werden, um eine qualitativ gute Bildung, Betreuung und Erziehung in der Kindertagespflege zu gewährleisten.

Fachkräfte für Kindertagespflege müssen beraten, auf ihre Eignung hin überprüft, für ihre Aufgabe vorbereitet, qualifiziert, fortgebildet, vermittelt und bei Problemen und gesetzlichen Neuerungen fachlich begleitet werden. Das sind umfangreiche Aufgaben für den öffentlichen Träger. Mit Ausnahme der Erteilung der Pflegeerlaubnis können alle anderen Aufgaben an freie Träger der öffentlichen Jugendhilfe abgegeben werden. Da mit dem Erteilen der Pflegeerlaubnis die rechtliche Gesamtverantwortung für ein gelingendes Betreuungsverhältnis beim öffentlichen Träger liegt, können die an freie Träger ausgelagerten Aufgaben nur in einer engen Absprache zwischen öffentlichem und freien Trägern zu einem qualitativ gutem Betreuungsverhältnis führen.

Wie viele und welche Aufgaben ein öffentlicher Träger im Bereich der Kindertagespflege abgeben will und kann, hängt davon ab, welche kommunalen Ressourcen existieren und welche freien Träger in einer Kommune fachliche Aufgaben übernehmen können.

Es gibt allgemeine bundesweite und kommunal sehr spezielle politische Forderungen an eine qualitativ gelungene Fachberatung. Fachlich sind ihre Aufgaben sehr klar und deutlich zu beschreiben. Wie gut und wie schnell diese in einer Kommune umgesetzt werden können, ist sehr unterschiedlich. Immer wieder sind bei Fachtagungen und -gesprächen zur Fachberatung in der Kindertagespflege Einwände zu hören wie: »Das hört sich ja alles ganz gut an, aber erzählen Sie das mal meinem Dienststellenleiter. Der hätte heute eigentlich hier sitzen müssen.«

Beginnen Sie mit dem, was sich im Rahmen ihrer kommunalen Möglichkeiten machen lässt und verlieren Sie nicht das Ziel, welches Sie sich für ihr Arbeitsfeld gesetzt haben, aus den Augen. Verbesserung und Qualitätsentwicklung sind immer Prozesse, bei denen Rück- und Fortschritte zum Ziel führen können.

Das Buch: »Vom Rat zur Tat« ist eine praktische Zusammenfassung der umfangreichen Aufgaben einer Fachberatung für Kindertagespflege, um diese bei der Planung und dem Aufbau einer Fachberatungsstelle berücksichtigen zu können oder um eine planvolle Auslagerung von Aufgaben in kollegialer Absprache zu vereinfachen. Es geht um die vielen Aufgaben, die in einer Fachberatungsstelle anfallen und bewältigt werden müssen. Die Fachberatung spielt eine zentrale Rolle für sehr unterschiedliche Personenkreise. Das ist eine herausfordernde Arbeit. Die politischen und fachlichen Forderungen für die Fachberatung im frühkindlichen Bereich sind bereits von den Verbänden und verschiedenen Parteien formuliert worden. Sie sind zwar nicht Gegenstand dieses Praxishandbuchs, können aber durch die Aufgabenbeschreibungen der Fachberatung fachlich untermauert werden. Ist doch die Fachberatung für sich schon die Lobby für die Praxis gegenüber den Verbänden und der Politik.

»Mehr noch, Fachberatung hat auch die Aufgabe, ihre Erfahrungen aus den Gesprächen mit der Praxis aufzubereiten und über den jeweiligen Verband in die Politik einzuspeisen. Sie nehmen damit eine dringend notwendige Lobbyfunktion für die Praxis wahr und tragen mit dazu bei, dass im politischen Raum die Sorgen, Nöte und Anliegen der Praxis, aber auch die guten Beispiele in politische Diskussionen und Entscheidungen einfließen.« (Wolfgang Dichans)

Das Buch kann von öffentlichen und freien Fachberatungsstellen gleichermaßen genutzt werden und bei Kooperationen zwischen öffentlichem und freien Träger auch als Planungshilfe dienen.

2. Fachberatungsaufgaben

Die Aufgaben der Fachberatung für Kindertagespflege sind mit der Gesetzesnovellierung 2005 als gesetzlicher Auftrag formuliert worden.

§

§ 23 SGB VIII
Förderung in Kindertagespflege

(1) Die Förderung in Kindertagespflege nach Maßgabe von § 24 umfasst die Vermittlung des Kindes zu einer geeigneten Tagespflegeperson, soweit diese nicht von der erziehungsberechtigten Person nachgewiesen wird, deren fachliche Beratung, Begleitung und weitere Qualifizierung sowie die Gewährung einer laufenden Geldleistung an die Tagespflegeperson.

(2) Die laufende Geldleistung nach Absatz 1 umfasst:
- die Erstattung angemessener Kosten, die der Tagespflegeperson für den Sachaufwand entstehen,
- einen Betrag zur Anerkennung ihrer Förderungsleistung nach Maßgabe von Absatz 2a,
- die Erstattung nachgewiesener Aufwendungen für Beiträge zu einer Unfallversicherung sowie die hälftige Erstattung nachgewiesener Aufwendungen zu einer angemessenen Alterssicherung der Tagespflegeperson und
- die hälftige Erstattung nachgewiesener Aufwendungen zu einer angemessenen Krankenversicherung und Pflegeversicherung.

(2a) Die Höhe der laufenden Geldleistung wird von den Trägern der öffentlichen Jugendhilfe festgelegt, soweit Landesrecht nicht etwas anderes bestimmt. Der Betrag zur Anerkennung der Förderungsleistung der Tagespflegeperson ist leistungsgerecht auszugestalten. Dabei sind der zeitliche Umfang der Leistung und die Anzahl sowie der Förderbedarf der betreuten Kinder zu berücksichtigen.

(3) Geeignet im Sinne von Absatz 1 sind Personen, die sich durch ihre Persönlichkeit, Sachkompetenz und Kooperationsbereitschaft mit Erziehungsberechtigten und anderen Tagespflegepersonen auszeichnen und über kindgerechte Räumlichkeiten verfügen. Sie sollen über vertiefte Kenntnisse hinsichtlich der Anforderungen der Kindertagespflege verfügen, die sie in qualifizierten Lehrgängen erworben oder in anderer Weise nachgewiesen haben.

(4) Erziehungsberechtigte und Tagespflegepersonen haben Anspruch auf Beratung in allen Fragen der Kindertagespflege. Für Ausfallzeiten einer Tagespflegeperson ist rechtzeitig eine andere Betreuungsmöglichkeit für das Kind sicherzustellen. Zusammenschlüsse von Tagespflegepersonen sollen beraten, unterstützt und gefördert werden.

Was ist jetzt richtig für uns? – Vielleicht eine gute Beratung?

Eltern und Fachkräfte für Kindertagespflege haben dadurch einen gesetzlichen Anspruch auf Beratung.

Für das Bundesministerium für Familie, Senioren, Frauen und Jugend heißt Beratung:
- *Informationen über rechtliche und organisatorische Zusammenhänge, um Orientierung und Sicherheit zu erlangen,*
- *Unterstützung und Begleitung des pädagogischen Alltags, um eigenes Handeln zu reflektieren, Verhalten zu hinterfragen und Innovationen und Veränderungen herbeizuführen,*
- *Anregungen und Impulse für den Alltag, um das pädagogische Handeln zu befruchten und die Erfahrungsmöglichkeiten für die Kinder zu erweitern,*
- *bei Konflikten zwischen Eltern und Tagespflegeperson vermitteln, um Betreuungsabbrüche zu vermeiden.*

Beratung und Begleitung ist notwendig, um die Betreuungsverhältnisse für die Kinder stabil zu halten, die Kindertagespflege für alle Beteiligten als verlässliche, professionelle und zufriedenstellende Form der Kindertagesbetreuung zu erhalten und weiter zu entwickeln.
(Bundesministerium für Familie, Senioren, Frauen und Jugend: Handbuch Kindertagespflege)

Die Träger der Jugendhilfe

Die Aufgaben und Leistungen der Jugendhilfe werden im § 2 des SGB VIII formuliert. Wie die Aufgaben und Leistungen erbracht werden, obliegt den öffentlichen Trägern der Kommunen, welche die gesetzlichen Forderungen nach Richtlinien der Landesjugendämter in Satzungen für die Kommune formulieren und entsprechend allein oder in Kooperation mit freien Jugendhilfeträgern umsetzen. Die Grundlage für die Zusammenarbeit mit den freien Jugendhilfeträgern wird in § 3 und § 4 des SGB VIII formuliert.

Die Landesjugendämter sind in der Struktur der Jugendhilfe in Deutschland »überörtliche Träger« der Jugendhilfe. Ihre Aufgabenstellung ist im § 85 Abs. 2 SGB VIII ausdrücklich geregelt:
1. *die Beratung der örtlichen Träger und die Entwicklung von Empfehlungen zur Erfüllung der Aufgaben nach diesem Buch*
2. *die Förderung der Zusammenarbeit zwischen den örtlichen Trägern der freien Jugendhilfe, insbesondere bei der Planung und Sicherstellung eines bedarfsgerechten Angebots an Hilfen zur Erziehung und Hilfen für junge Volljährige*
3. *die Anregung und Förderung von Einrichtungen, Diensten und Veranstaltungen sowie deren Schaffung und Betrieb, soweit sie den örtlichen Bedarf übersteigen; dazu gehören insbesondere Einrichtungen, die eine Schul- oder Berufsausbildung anbieten, sowie Jugendbildungsstätten*

4. *die Planung, Anregung, Förderung und Durchführung von Modellvorhaben zur Weiterentwicklung der Jugendhilfe*
5. *die Beratung der örtlichen Träger bei der Gewährung von Hilfen nach den §§ 32 bis 35 a, insbesondere bei der Auswahl einer Einrichtung oder der Vermittlung einer Pflegeperson in schwierigen Einzelfällen*
6. *die Wahrnehmung der Aufgaben zum Schutz von Kindern und Jugendlichen in Einrichtungen (§§ 45 bis 48a)*
7. *die Beratung der Träger von Einrichtungen während der Planung und Betriebsführung*
8. *die Fortbildung von Mitarbeitern in der Jugendhilfe*
9. *die Gewährung von Leistungen an Deutsche im Ausland (§ 6 Abs. 3) soweit es sich nicht um die Fortsetzung einer bereits im Inland gewährten Leistung handelt*
10. *die Erteilung der Erlaubnis zur Übernahme von Pflegschaften, Vormundschaften oder Beistandschaften durch einen rechtsfähigen Verein (§ 54).*

(BAGLJÄ – Bundesarbeitsgemeinschaft der Landesjugendämter in Deutschland, 22.7.2011)

Mit der Novellierung des Jugendwohlfahrtgesetzes zum Kinder- und Jugenshilfegesetz in den 90ern wurde Fachberatung bundesgesetzlich verankert. Im § 72 SGB VIII ergeht der gesetzliche Auftrag an die Träger der öffentlichen Jugendhilfe, Fortbildung und Praxisberatung der Mitarbeiter/-innen der Jugendämter und Landesjugendämter sicherzustellen. Die Länder sind aufgefordert, Fachberatung in ihre Ausführungsgesetze zu verankern und durch Finanzierungsbeteiligung abzusichern. Das geschieht jedoch nicht in allen Bundesländern. Vergleicht man die Landesausführungsgesetze zum SGB VIII wird man mit sehr unterschiedlichen Vorgehensweisen konfrontiert.

Interview

Vernetzung, Stärkung und Professionalisierung

Simone Kühnert im Gespräch mit der Autorin.

Frau Kühnert, was ist ihrer Meinung nach die vorrangige Aufgabe der Landesebene für die Fachberatung der Kindertagespflege?

Eine ganz zentrale Aufgabe, die Fachberatung auf der Landesebene einnehmen muss, ist die fachliche Beratung und Fortbildung. In Sachsen ist dafür das Landesjugendamt zuständig.

Die Informations- und Koordinierungsstelle unterstützt die landesweite Vernetzung der Fachberatung, die Vernetzung der Kommunen, Landkreise und kreisfreien Städte untereinander.

Fachberatung in der Kindertagespflege benötigt eine professionelle Fachkompetenz und ein gutes eigenes Netzwerk. Die Kindertagespflege ist ein sehr sensibler Bereich, der sich zwischen privatem Raum und öffentlicher Förderung bewegt. Es bedarf hier verstärkt einer Beratungskompetenz, die Wissen über das System Kindertagespflege und Familie erforderlich macht. Das wird in der Öffentlichkeit noch nicht ausreichend wahrgenommen.

Fachberatung ist doch gerade für den Aspekt der Bildung ein guter Multiplikator. Wie kann die Landesebene neue wissenschaftliche Erkenntnisse schneller in die unmittelbare Praxis der Kindertagespflege bringen?

Die Aufgabe der IKS ist es, in guter Zusammenarbeit mit dem sächsischen Ministerium für Kultur (SMK) und dem Landesjugendamt eine nachhaltige und stabile Qualitätsentwicklung in der Kindertagespflege zu unterstützen. Das Landesjugendamt bietet Fortbildung und eine jährliche Fachtagung an. Die IKS informiert recht unkompliziert über aktuelle wissenschaftliche Forschungen und Entwicklungen und führt eigene Untersuchungen in Sachsen durch. Ergebnisse werden auf dem Sächsischen Kita – Bildungsserver eingestellt. Dieser greift zunehmend Informationen aus dem Themenfeld Kindertagespflege auf. Seit dem 1.3.12 hat Sachsen für die Landesebene eine Empfehlung zur Fachberatung in Kindertageseinrichtung und in der Kindertagespflege. Damit haben wir eine Orientierung der Aufgaben und Rahmenbedingungen benannt.

Wie sieht ihre Zusammenarbeit mit dem Landesjugendamt aus?

Es finden gemeinsame Beratungen statt, an denen die Mitarbeiterin des SMK, des Landesjugendamtes und der IKS teilnehmen. Für jeden Bereich sind Schwerpunkte festgelegt.

Wie sieht das praktisch aus?

Das SMK hat eine Fachgruppe zur Qualitätsentwicklung ins Leben gerufen und erarbeitet pädagogische Standards in der Kindertagespflege sowohl für die Kindertagespflegepersonen als auch für die Fachberatung.

Das Landesjugendamt lädt 2 mal im Jahr die Jugendämter zu einem Arbeitskreis ein. An diesen nimmt die IKS teil.

Zusätzlich treffen sich die Fachberaterinnen punktuell in kleinen Netzwerken und Fachveranstaltungen, die von der IKS organisiert werden.

Wie kann ich mir das vorstellen?

Die IKS hat zunächst damit begonnen regional zugeschnittene Fachtagungen mit den zuständigen Fachberater/innen von zwei bis drei Landkreisen zu konzipieren und durchzuführen. Der Bedarf nach fachlichem Austausch ist hoch und spiegelt sich in der regen Teilnahme solcher Veranstaltungen. Durch die enge Zusammenarbeit in der Vor- und Nachbereitung der Fachtagungen lernten sich die Fachberater/innen in ihren unterschiedlichen Positionen und ihren fachlichen Haltungen näher kennen und schätzen. Durch dieses gemeinsame Erleben von Fragestellungen in der Kindertagespflege entstand auf ganz natürliche Weise eine nachhaltige Vernetzung dieser Gruppen.

Was findet in diesen Netzwerken konkret statt?

Die inhaltliche Gestaltung der Netzwerke obliegt den Teilnehmenden. Vorrangig findet ein Abgleich der inhaltlichen Fachveranstaltungen in den jeweiligen Regionen mit Unterstützung der IKS statt. Gemeinsam mit der Fachberatung wird ein pädagogisches Thema im Jahr ausgewählt, dass die IKS gerne mit unterstützt. An zweiter Stelle stehen der Erfahrungsaustausch zu speziellen Fragestellungen in der Kindertagespflege sowie die direkte kollegiale Beratung, die ich sogar als kollegiales Coaching bezeichnen würde. Die Netzwerkstruktur ist für die Fachberatung ein effektiver geschützter Rahmen, um sich zu stärken und die eigene Arbeit weiter zu entwickeln.

Was meinen Sie mit geschützten Netzwerken?

Damit meine ich einen klar definierten Rahmen. Die Fachberaterinnen in dem Netzwerk kennen sich über längere Zeit. Fallbesprechungen brauchen Vertrauen und eine Kenntnis der Methode. In der Übersicht ist das Netzwerk aus der Perspektive der Kindertagespflegeperson dargestellt. Auch die Fachberatung braucht ein persönliches Netzwerk indem sie ihre eigene Profession reflektieren und weiter entwickeln kann. Dafür wird sie sicherlich auch Supervision oder Coaching in Anspruch nehmen.

Darstellung der Vernetzungsperspektive der KTPP

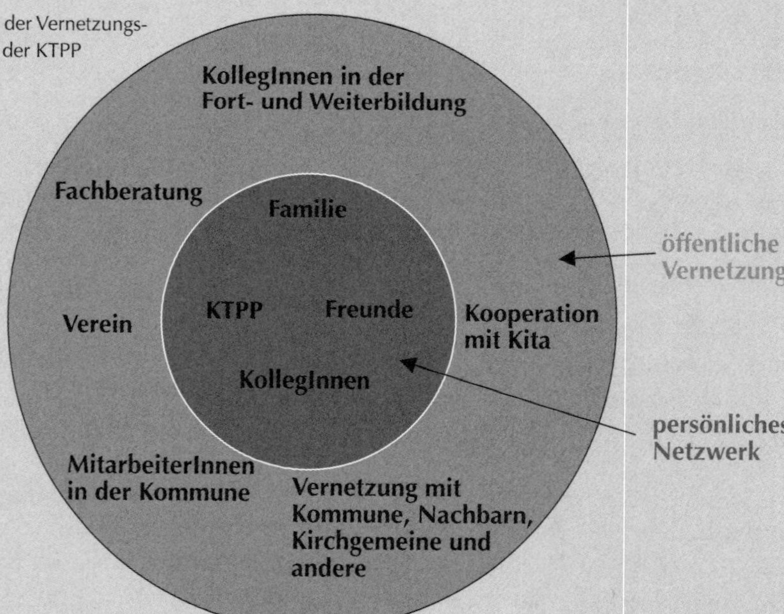

In den öffentlichen Netzwerken ist es wichtig, den Zugang aller Interessierten immer wieder neu zu ermöglichen. Netzwerke brauchen viel Zeit, doch sie sind wichtig für ein gutes Informationsmanagement und die eigene Psychohygiene.

Um Netzwerke zu gestalten und zu erhalten braucht es einen Gewinn für die Fachberater/innen. Es gibt viele Fachberater/Innen, die in ihrer Stelle allein für die örtlichen Aufgaben zuständig sind. Sie benötigen einen Ort der kollegialen Beratung, an dem sie sich mit grundlegenden Themen, wie Biographiearbeit, dialogisches Grundverhalten, Wertschätzung, Ko-Konstruktion, dem eigenen beruflichen Selbstverständnis und der Entwicklung der beruflichen Professionalität auseinandersetzen können.

Können Sie ein praktisches Beispiel nennen, worum es dabei gehen kann?

Ja, beispielsweise das Thema: Hausbesuche. Wie und wann finden sie am besten statt? Wie viel Zeit braucht der Hausbesuch? Sollen diese angekündigt oder unangekündigt durchgeführt werden? Welches Vorgehen ist geprägt von Wertschätzung der Kindertagespflege gegenüber und welches nicht? Wie ist das eigene Vorbildverhalten, um beim Gegenüber die Wichtigkeit in seiner Vorbildfunktion den Eltern und Kindern gegenüber glaubwürdig zu transportieren? Die Fallbesprechung öffnet verschiedene Perspektiven und ermöglicht die Auseinandersetzung in der eigenen Rolle und Haltung.

Das hört sich für mich wie ein landesweiter Moderationsprozess für die verschiedenen Bereiche der Kindertagespflege an. Wodurch wird das Netzwerk langfristig erhalten und gestärkt?

Die IKS übernimmt die Moderationsfunktion in diesen Netzwerken.

Es braucht immer eine Person, die sich für die Organisation verantwortlich fühlt und die Fäden in der Hand hält, damit ein Netzwerk erhalten und lebendig bleibt. Moderatives Verhalten und ko-konstruktives Vorgehen, das vorhandene Wissen zu sammeln, zu bündeln und an die richtigen Stellen zu transportieren, damit es der konkreten Arbeit in der Kindertagespflege zu gute kommt, sind Kernkompetenzen meiner Arbeit.

Damit ich mich in einem Netzwerk verorte, brauche ich ein Ziel.

Die IKS hat folgende Ziele: Die Etablierung der Kindertagespflege als gleichrangiges Betreuungsangebot, Entwicklung professioneller Identität als Kindertagespflegeperson unter geeigneten Rahmenbedingungen und die Qualitätssicherung und Qualitätsentwicklung in der familiennahen Kindertagespflege.

Zur Zielerreichung braucht es auch den Aufbau einer wertschätzenden Beziehung zur Fachberatung und deren Stärkung. Sie nimmt eine zentrale Schnittstelle in der Weiterentwicklung dieses Systems im Landkreis und in der kreisfreien Stadt ein.

Sie können dazu mehr und genaueres in unserer aktuellen Untersuchung: »Vernetzung, Stärkung und Professionalisierung der familiären Kindertagespflege in Sachsen« finden. Durch die immer wieder neu gemeinsam überdachen Ziele und Grundlagen unseres Netzwerkes können wir es langfristig erhalten und stärken.

Wie viele Landkreise hat Sachsen?

10 Landkreise, 3 kreisfreie Städte: Leipzig, Dresden, Chemnitz

Meine Arbeit konzentriert sich vorrangig auf die Landkreise. Die kreisfreien Städte Dresden und Leipzig haben eine besondere Struktur in der fachlichen Begleitung der Kindertagespflegepersonen aufgebaut und eigene Netzwerkstrukturen.

Die IKS unterbreitet Beratungsangebote in allen Ebenen der Kindertagespflege. Diese werden unterschiedlich genutzt. Das Prinzip der Freiwilligkeit und die wertschätzende Grundhaltung für das System Kindertagespflege sind erfolgreiche Grundlagen für die Netzwerkgestaltung.

Welche Vorteile hat ihre freie Trägerschaft bei diesem Vorgehen?

Die IKS profitiert von der Kompetenz des Spitzenverbandes. Der PARITÄTISCHE Wohlfahrtsverband ist der einzige in Sachsen, in dessen Trägerschaft Beratungs- und Vermittlungsstellen sowie Vereine von Kindertagespflegepersonen aufgenommen sind.

Der PARITÄTISCHE zeichnet sich durch eine flache Hierarchie aus. Diese ermöglicht eine hohe Selbständigkeit, kurze Wege und eine rasche unbürokratische Arbeitsgestaltung.

Die Aufgaben Vernetzung und Stärkung für die Kindertagespflege haben wir hier beleuchtet, wie sieht es mit dem dritten Thema: »Professionalisierung«, welches Sie in Ihrer Untersuchung ansprechen aus?

Professionelle Fachberatung heißt für mich, dass Fachberatung sich über ihr eigenes Selbstverständnis zur Kindertagespflege klar wird.

Als Fachberatung brauche ich eine Grundhaltung für die familiennahe Kindertagespflege, damit ich sie wertschätzend begleiten und unterstützen kann.

Sie meinen ein positives Selbstverständnis für die Kindertagespflege. Was bedeutet es dann, wenn jemand in seiner Stelle kein positives Selbstverständnis entwickeln kann?

Wenn ich als Fachberater/in an dem Angebot der Kindertagespflege zweifle, kann ich nicht authentisch beraten. Meine eigene Haltung führt unreflektiert zu einer defizitären Beobachtung und fachlichen Begleitung. Im schlimmsten Fall versuche ich die Entwicklung und das Wachstum der Kindertagespflege zu behindern.

Weil Kontrolle mehr Zeit braucht als wenn die Motivation und Stärke der Kindertagespflegeperson mit genutzt wird?

Sicherlich hat die Fachberatung einen Auftrag, die Kindertagespflegeperson fachlich zu begleiten. Wie die Begleitung empfunden wird, ist abhängig von der Methode, der Haltung und der Kommunikation.

Eine negative Einstellung zu einem Betreuungsangebot verursacht sowohl Druck für den eigenen Auftrag als Fachberaterin als auch Druck für die Kindertagespflegeperson. Es entsteht keine Beziehung und natürlich auch keine Basis für eine Zusammenarbeit.

Nur durch Wertschätzung und Akzeptanz kann ich Interesse und Lust für eine Weiterentwicklung wecken.

Was müsste Ihrer Meinung nach über diese Ansätze hinaus durch Fachberatung gewährleistet werden?

Zunächst glaube ich, dass die FachberaterInnen in Sachsen schon sehr viel leisten und in den letzten Jahren den relativ jungen Bereich der Kindertagespflege gut begleitet und entwickelt haben. Es braucht natürlich auch entsprechende Rahmenbedingungen für die Fachberatung und wissenschaftliche Untersuchungen. Diese fehlen in der Kindertagespflege noch weitgehend.

Die Fachberatung braucht die Möglichkeit, sich selbst mit theoretischen Bildungsmöglichkeiten im Alltag der Kindertagespflege auseinander zu setzen. Der zunehmenden Institutionalisierung in der inhaltlichen wie auch räumlichen Gestaltung der Kindertagespflegestellen sollte sie entgegen wirken. Denn damit verliert die Kindertagespflege weitgehend ihre Besonderheit. Die Fachberatung braucht Wertschätzung des Arbeitgebers für dieses hochkomplexe Betreuungssystem.

Es gibt in Sachsen hervorragende Beispiele, wo die Fachberatung eigene Fachtage initiiert oder Ausstellungen zum Bildungsalltag in der Kindertagespflege begleitet.

Es gibt noch viele Aufgaben.

Es bleibt spannend!

Durch die heterogenen Ausführungen auf Landesebene wird der gesetzliche Auftrag zur Zeit auch noch von den jeweils zuständigen Kommunen sehr unterschiedlich umgesetzt. Es gibt keine Normen oder festen Organisationsstrukturen, die für eine Fachberatung im Bereich der Kindertagespflege vorgeschrieben sind. Das bringt Vor- und Nachteile mit sich. Ein Wechsel von einer Kommune zur nächsten kann für Eltern oder Fachkräften in der Kindertagespflege eine erhebliche Leistungssteigerung oder einen Leistungsabfall in der Fachberatung für Kindertagespflege bedeuten. Eine solche nicht normierte Situation wird in der Kindertagespflege oft als Nachteil gesehen. Dass jede Kommune sehr individuell die Fachberatung ausgestalten kann, hat aber den Vorteil, dass ein Ausbau und die Qualitätsentwicklung der Fachberatung passend zu den Erfordernissen einer individuellen Kommune entwickelt werden können.

Strukturiere und normiere, was den Arbeitsalltag leichter macht und entwickle kreativ und individuell, wo Probleme und Aufgaben nicht durch eine Struktur gelöst werden können.

Für die Praxis heißt das, dass Fachberatungen für Kindertagespflege einen Mittelweg zwischen normativen Strukturen und individuellen Lösungswegen für Probleme und Aufgaben finden müssen.

Fachberatung

Fachberatung ist eine personenbezogene, strukturentwickelnde soziale Dienstleistung (bzw. Vermittlungs- und Verknüpfungsdienstleistung) im Rahmen der Jugendhilfe. Sie wirkt qualitätssichernd und -entwickelnd im Feld der Erziehungsarbeit und der Lebensgestaltung von Kindern. Fachberatung verbindet fachliche, entwicklungs- und organisationsbezogene Beratung.

(Karsten in »Mit uns auf Erfolgskurs« – Divivere, Irskens)

»Fachberatung gilt als eine wesentliche Voraussetzung für die Qualitätsentwicklung innerhalb des Arbeitsfeldes der Frühpädagogik. Besonders im Kontext der Bildungsoffensive im frühkindlichen Bereich kommt Fachberatung eine hohe Bedeutung zu. So wurden in den einzelnen Bundesländern und Freistaaten in den letzten Jahren Bildungspläne eingeführt, um Bildungsarbeit mit Kindern zwischen drei und sechs Jahren in Kindertageseinrichtungen und in der Kindertagespflege zu professionalisieren. Aufbauend auf wissenschaftlichen Erkenntnissen aus den Bereichen der Pädagogik, Reformpädagogik und Neurobiologie sowie internationalen Standards innerhalb des Arbeits- und Praxisfeldes der Frühpädagogik wurden – in unterschiedlicher Qualität – Richtlinien für die pädagogische Arbeit von Erzieherinnen und Erziehern, Leiterinnen und Leitern in Kindertageseinrichtungen entwickelt, die ihnen in ihrer täglichen Arbeit mit Kindern einen qualitativ hochwertigen Rahmen geben sollen.«

(Vera Bamler)

Dieses umfassende Verständnis von Fachberatung setzt voraus, dass Fachberater/innen ausreichend Zeit für diese Arbeit als Kernaufgabe haben. Eine passende Organisationsform und ein gutes Konzept machen es möglich diese Aufgaben klar zu definieren und sie bei den vielfältigen Anforderungen an die Fachberatung nicht aus den Augen zu verlieren.

3. Organisationsform der Fachberatung

Bei der Organisation einer Fachberatung stellt sich immer zuerst die Frage, wie die Fachberatung in eine Gesamtorganisation – Jugendamt oder bei einem freien Träger – eingebunden ist. Wer zuständig und wer verantwortlich ist, hängt davon ab, ob die Fachberatung eine Stabsfunktion hat, in eine Linienfunktion eingebunden ist, beide Formen der Arbeitsverrichtung einsetzt oder einer Dienstleistungsfunktion folgt. Festgelegt wird die Form der Organisation in einer Satzung zur Teilnahme an der Kindertagespflege des örtlichen Jugendhilfeträgers und spiegelt sich in den Arbeitsverträgen der Mitarbeiter/innen einer Fachberatung wieder.

Stabsfunktion

Eigenverantwortliche Vorbereitung der Linienentscheidung aufgrund von Spezialwissen; keine Weisungsbefugnis gegenüber der Linie. Es gibt Stäbe auf allen Ebenen der Hierarchie. Dabei haben Stäbe im arbeitsteiligen Sinne eine eigene hierarchische Ordnung. Stäbe führen nicht. Die Linienfunktion ist frei, das Ergebnis der Stabsarbeit zu akzeptieren oder zu verwerfen.

Hat die Fachberatung keine Stabsfunktion, kann sie nur auf Anordnung hin arbeiten, hat sie Stabsfunktion, ist sie für die Durchführung von beratenden, unterstützenden und überwachenden Tätigkeiten verantwortlich und untersteht unmittelbar der Geschäftsführung oder der Leitung. Bei einer Mischform dieser beiden Funktionsformen ist es erforderlich, in einer Matrix die fachlichen und disziplinarischen Zuständigkeiten darzustellen, weil es ansonsten zu starken Rollenkonflikten innerhalb der Organisation kommen kann. Dienstleistungsfunktionen können sowohl in der Stabs- als auch in der Linienfunktion zur Verfügung gestellt werden und die eigenverantwortliche Erfüllung eines Dienstauftrages steht im Mittelpunkt bei der Verrichtung der Aufgaben. Dienstleistungsfunktionen können in einem hohen Maße den Organisationserfolg verursachen, haben aber keinen maßgeblichen Einfluss auf die Organisationsziele und können auch von externen Leistungserbringern ausgeführt werden.

Linienfunktion

Hier sind im Rahmen der Arbeitsteilung und des hierarchischen Ranges Verantwortung, Entscheidung und Kontrolle vereint. Das Ausmaß beziehungsweise die Grenzen richten sich nach dem Grad der Delegation der Verantwortung. Die Entscheidungsfindung wird ggf. durch Stäbe vorbereitet, die von der Linie Aufträge entgegennehmen und von ihr informiert werden.

3.1 Fachberatung für die Kindertagesstätten

Deutschland steckte in den 60er Jahren schon einmal in einer »Bildungskrise«.

In Berlin war 1975 die Antwort auf diese die Einrichtung von Kindertagesstätten-Beratungsstellen, weil man den Kindergarten als einen Bestandteil des Bildungssystems ansah. Es entstand dadurch in Berlin ein Netz von Beratungs- und Fortbildungsangeboten, das Beate Irskens – Fachfrau für Fachberatung in Kindertagesstätten – »Berliner Modell« getauft hat und das als solches in Fach- und Fachberatungskreisen bekannt geworden ist.

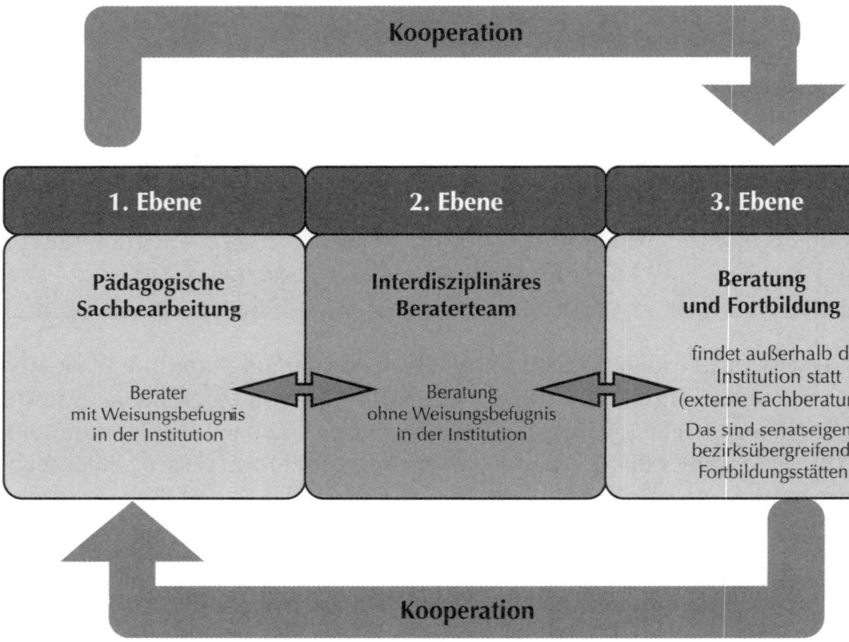

B. Irskens: Berliner Modell

Das Berliner Modell ist ein dreiteiliges Angebotsnetz von Beratern/Beraterinnen für den Kindertagesstättenbereich. Stabsfunktion, Linienfunktion und gemischte Stabsfunktionen stehen gleichberechtigt nebeneinander und ergänzen sich. Dadurch existiert nicht nur die Delegation der reinen Beratung (Stabsfunktion) oder die Delegation der Fach- und Dienstaufsicht und die Delegation der Beratung (Linienfunktion), sondern auch eine Mischform dieser beiden ersten Formen. Häufig werden die Begriffe interne und externe Fachberatung verwendet. Die interne Fachberatung einer Kommune, Stadt oder der freien Träger kann Stabsfunktion oder Linienfunktion haben. In den Modellen, in denen die Stabsfunktion auch die Fachaufsicht hat, ist der Spagat, den die Fachberatungskraft machen muss, besonders groß. Durch externe Fachberatung wird eine nicht ausreichende interne Fachberatung ergänzt. Die externe Fachberatung hat eine Dienstleistungsfunktion und kann eine zeitlich begrenzte Aufgabe des externen Anbieters übertragen bekommen, um Engpässe zu überbrücken. Sie kann aber auch im Sinne des Subsidiaritätsprinzips die Auslagerung eines in sich geschlossenen Arbeitsauftrags sein, der immer wieder für freie Träger ausgeschrieben wird.

Das Berliner Modell ist heute in Fachkreisen keineswegs durchgehend bekannt und könnte durch eine erneute Verbreitung die Probleme der Fachberatungsstellen – eingeklemmt zwischen Dienst- und Fachaufsicht – bewusst machen. Die reine fachliche Beratung kann nochmals unabhängig von ihrer organisatorischen Einbettung unter dem Aspekt ihres gesetzlichen Auftrages überdacht und handlungsfähig gestaltet werden.

Dienstleistungsfunktion

Eigenverantwortliche Erfüllung des jeweiligen Dienstauftrages. Sie steht Linie und Stab zur Verfügung. Von der Erfüllung ihres Dienstauftrags kann der Erfolg der Aufgabe im hohen Maß abhängen, auf die Ziele der Fachberatungsstelle haben sie allerdings keinen richtungsweisenden Einfluss. Ihre Funktion kann von externen Leistungsträgern ausgeführt werden.

3.2 Rahmenbedingungen in der Kindertagespflege

Kindertagespflege kann in verschiedenen Betreuungsformen angeboten werden:
- im Haushalt der Kindertagespflegeperson
- im Haushalt der Personensorgeberechtigten oder
- in angemieteten Räumen

Die gesetzlichen Rahmenbedingungen der Kindertagespflege sind im SGB VIII geregelt. Die Grundsätze der Förderung sind im § 22 zu lesen.

§ 22 SGB VIII
Grundsätze der Förderung

(1) Tageseinrichtungen sind Einrichtungen, in denen sich Kinder für einen Teil des Tages oder ganztägig aufhalten und in Gruppen gefördert werden. Kindertagespflege wird von einer geeigneten Tagespflegeperson in ihrem Haushalt oder im Haushalt des Personensorgeberechtigten geleistet. Das Nähere über die Abgrenzung von Tageseinrichtungen und Kindertagespflege regelt das Landesrecht. Es kann auch regeln, dass Kindertagespflege in anderen geeigneten Räumen geleistet wird.

(2) Tageseinrichtungen für Kinder und Kindertagespflege sollen

a. die Entwicklung des Kindes zu einer eigenverantwortlichen und gemeinschaftsfähigen Persönlichkeit fördern,
b. die Erziehung und Bildung in der Familie unterstützen und ergänzen,
c. den Eltern dabei helfen, Erwerbstätigkeit und Kindererziehung besser miteinander vereinbaren zu können.

(3) Der Förderungsauftrag umfasst Erziehung, Bildung und Betreuung des Kindes und bezieht sich auf die soziale, emotionale, körperliche und geistige Entwicklung des Kindes. Er schließt die Vermittlung orientierender Werte und Regeln ein. Die Förderung soll sich am Alter und Entwicklungsstand, den sprachlichen und sonstigen Fähigkeiten, der Lebenssituation sowie den Interessen und Bedürfnissen des einzelnen Kindes orientieren und seine ethnische Herkunft berücksichtigen.

Für die fachliche Arbeit sollte es keinen Unterschied geben, wo die Kindertagespflege ausgeführt wird. Der Förderauftrag ist für alle Angebotsformen gleich. Organisatorisch ergeben sich sehr viele Unterschiede. Während die Kindertagespflegeperson im eigenen Haushalt in den meisten Fällen selbständig ist, hat sie im Haushalt der Personensorgeberechtigen meistens ein Anstellungsverhältnis. In den angemieteten Räumen gibt es selbständige und angestellte Organisationsformen, hier muss auf die Ausführungen der jeweiligen Landesgesetzgebung geachtet werden, um dieses Angebot auszugestalten.

Macht der Bund von seiner Gesetzgebungskompetenz keinen Gebrauch, wird die Gesetzgebungsbefugnis nach Artikel 72 (1) GG auf die Länder übertragen. Diese haben dann die Möglichkeit den vom Bund gesetzten Rahmen, der durch das SGB VIII für ganz Deutschland einheitlich geregelt ist, durch »landesspezifische Ausführungsgesetze« zu konkretisieren. Somit sind die Bundesländer nach § 26 SGB VIII für die Gestaltung des Inhalts und des Umfangs der Kleinkindbetreuung verantwortlich.

Aus diesen gesetzlichen Rahmenbedingungen entwickelt der öffentliche Träger in der Kommune seine Satzungen zur Teilnahme an der Kindertagespflege des öffentlichen Jugendhilfeträgers, nach denen die Kindertagespflege vor Ort praktisch ausgeführt wird. Da der öffentliche Träger für die Erteilung der Pflegeerlaubnis verantwortlich ist, ist sein Interesse an der Güte und Qualität der Beratung, Vermittlung, Begleitung und Qualifizierung in der Kindertagespflegeperson sehr groß. Die Erteilung der Pflegeerlaubnis kann nur durch den öffentlichen Träger erfolgen. Alle anderen Aufgaben können von freien Trägern oder privaten Anbietern ausgeführt werden. Das erfordert allerdings eine gute und vertrauensvolle Zusammenarbeit aller Beteiligten, damit die Erteilung der Pflegeerlaubnis durch genaue Kenntnis der Geeignetheit der Kindertagespflegeperson geschieht.

4. Die vier Säulen der Fachberatung in der Kindertagespflege

Die Kindertagespflege wird durch Fachberatungsstellen in vier Bereichen unterstützt: die fachliche Beratung, die Vermittlung von Betreuungsverhältnissen, die Begleitung der Beteuungsverhältnisse bei Problemen, Schwierigkeiten oder Änderungen und der Qualifizierung der Fachkräfte für Kindertagespflege. Begrifflich irreführend ist, dass wenn von Fachberatung gesprochen wird nicht ganz deutlich ist, ob die Funktion der Stelle mit ihren vier fachlichen Funktionen: Beratung, Vermittlung, Begleitung und Qualifizierung gesprochen wird oder ob die Fachberatungsleistung als einer der vier Funktionen gemeint ist. Hier bedarf es in der Praxis noch einer deutlicheren Begriffsbildung, da die Fachberatung nicht nur Fachberatung sondern auch Fachvermittlung, Fachbegleitung und fachliche Qualifizierung anbieten kann. Da alle Funktionen vom öffentlichen Träger an externe Anbieter vergeben werden können, ist es möglich, dass Fachberatungen, die diesen Namen tragen unter Umständen sogar nur jeweils eine der genannten Funktionen ausführen. Das ist für die Nutzer der Fachberatungen irreführend, wenn sie Beratung erhoffen, sich die Beratungsstelle aber als reine Vermittlungsstelle versteht oder sie Vermittlung erwarten und die Fachberatung ausschließlich Beratungsleistungen anbietet und an eine Vermittlungsstelle verweist.

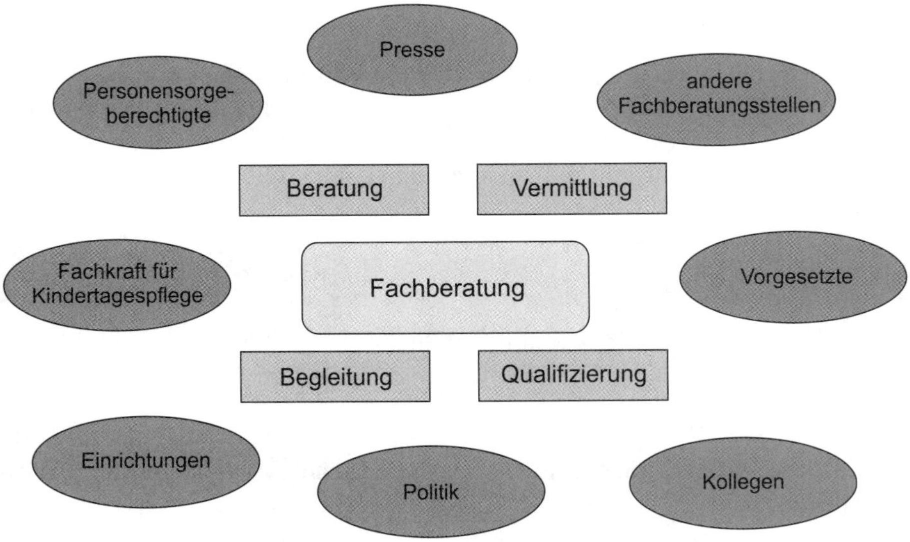

Die unterschiedlichen Nutzer der Fachberatung in der Kindertagespflege

Die Gesamtaufgaben der Fachberatung im Sinne aller Funktionen ist sehr vielfältig. Wie anhand der Graphik zu sehen ist, wirkt sie in viele Bereiche hinein und hat mit heterogenen Personengruppen zu tun, die nicht unbedingt immer die gleichen Interessen haben. Damit die unterschiedlichen Nutzer der Fachberatung in der Kindertagespflege fachlich gut beraten werden, ist es wichtig, dass die Beratung, Begleitung und Vermittlung unabhängig von disziplinarischen Zuständigkeiten ist, damit sich sowohl die Fachkräfte für Kindertagespflege als auch die Personensorgeberechtigten unbefangen an die Fachberatungsstelle wenden können ohne befürchten zu müssen, dass ein Problem oder eine Streitigkeit, die es zu klären gilt, zu disziplinarischen Konsequenzen führt.

In einigen Bundesländern wurde die Wirkung und der Einsatz der Fachberatung evaluiert. Eine sehr ausführliche Untersuchung hat Pädquis in Sachsen in Bezug auf die Angebote der Fachberatung in der Kindertagespflege durchgeführt und festgestellt, dass nicht jede als Fachkraft für Kindertagespflege beschäftigte Person auch mit einer Fachberatung in Kontakt gekommen ist.

Damit Fachberatung für die Kindertagespflege einen optimalen Multiplikatonseffekt für die neuen Erkenntnisse im frühkindlichen Bereich erreichen kann, ist es wichtig, dass die Fachberatung sich ihrer Aufgabe für den frühkindlichen Bildungsprozess bewusst ist, alle tätigen Fachkräfte für Kindertagespflege erreicht und ressourcenorientiert die vorhandenen Kräfte im Kindertagespflegenetzwerk nutzt. Wolfgang Dichans zeigt in seinem Artikel über die Bedeutung, Rolle und Aufgabe der Fachberatung den Widerspruch zwischen der Bedeutung der Fachberatung und ihrer Wahrnehmung in der Öffentlichkeit auf. *»Fachberatung findet auf vielen Ebenen nicht die Beachtung, die sie verdient.«* (Wolfgang Dichans)

Es stellt sich die Frage, was Fachberatung für ein Mehr an Wertschätzung der eigenen Profession und der Fachkräfte für Kindertagespflege unternehmen kann.

Mit einem fachlichen Konzept, welches die Aufgaben, die Zielgruppe, die Ziele, die Organisationsform und die Vernetzungsstruktur der Fachberatung nennt, gelangt zum einen mehr Transparenz in eine teilweise noch sehr unbekannte Aufgabe in den Kommunen und entsteht zum anderen ein klareres Selbstverständnis der Fachberater/innen.

Interview

Eine gesetzliche Verankerung für einen Titel ›Fachberatung Kindertagespflege‹

Claudia Dorner-Müller im Gespräch mit der Autorin.

Frau Dorner-Müller, wie lange existiert Ihre Fachberatungsstelle für Kindertagespflege?

Der TagesmütterVerein Freiburg e. V. ist anerkannter Träger der freien Jugendhilfe und wurde am 26. April 1995 gegründet. Davor waren die Mitglieder ca. ein Jahr als Verein in Gründung tätig.

Wie groß ist Ihre Fachberatungsstelle? Wie viele Mitarbeiter/-innen haben Sie?

Sechs Angestellte sind in der Geschäftsstelle tätig:
- 100% Leitung Dipl.-Sozialarbeiterin

- 73,5 % Dipl.-Pädagogin (davon 23,5 % projektbezogen finanziert)
- 100 % Dipl.-Sozialpädagogin
- 50 % Dipl.-Pädagogin (projektbezogen finanziert)
- geringfügige Beschäftigung, angehende Bachelor Soziale Arbeit
- 100 % Bürokauffrau

Auf Honorarbasis sind unterstützend und beratend tätig:
- Finanzbuchhalter
- Dipl.-Informatiker
- Webdesignerin
- Sieben Referentinnen für die Qualifizierung in Kindertagespflege
- Fachanwältin und Mediatorin im Familienrecht
- Fachanwalt im Arbeitsrecht
- Fachanwalt im Steuerrecht

Elf angestellte Tagespflegepersonen/Erzieherinnen sind in befristeten Projekten der Kinderbetreuung tätig:

- 3 Erzieherinnen und 1 Tagespflegeperson in einer betrieblichen Kinderkrippe
- 3 Tagespflegepersonen in den Randzeiten einer Grundschule
- 3 Tagespflegepersonen bei einer Berufsfindungsmaßnahme für junge Mütter mit Kind
- 1 Tagespflegeperson bei einem Integrationskurs für Migrantinnen
- 1 Tagespflegeperson in der Ersatzbetreuung

Die Geschäftsstelle verfügt über vier Büros. Die Schulungsräume befinden sich in Innenstadtnähe und werden für die Veranstaltungen separat angemietet.

Wie viele aktive Betreuungsverhältnisse werden durch Ihre Stelle betreut?

Zum Stichtag 1.3.2012 wurden 478 Kinder betreut, im gesamten Jahr von 1.3.11–1.3.12 wurden jedoch 723 Kinder in Kindertagespflege betreut und entsprechend 723 Betreuungsverhältnisse begleitet. Diese Zahl wird jedoch von der Abfrage des Landesamtes für Statistik nicht erfasst.

Gelingt der geplante Ausbau der Betreuungsverhältnisse in Ihrer Kommune?

Der Gemeinderat der Stadt Freiburg hat zunächst per Beschluss den Ausbau der Betreuungsplätze für unter Dreijährige auf 39 % der Versorgungsquote festgelegt.

Am 14.02.2012 beschloss der Gemeinderat den Ausbau der Betreuungsplätze für unter Dreijährige mit einer Versorgungsquote von 38% in 2012, 44% in 2013 und 50% in 2014. Der TagesmütterVerein Freiburg ist Mitglied der »Arbeitsgruppe Kindertagesstätten- und Kindertagespflegebedarfsplanung«, die regelmäßig tagt und den Ausbau der Plätze begleitet.

Die Betreuung in Kindertagespflege konnte in den vergangenen Jahren kontinuierlich ausgebaut werden. So ist die Zahl der Tagespflegepersonen seit 1995 bis heute von 40 auf 181 angewachsen und die Zahl der betreuten Kinder von 40 auf 478.

Ist es geplant, die Fachberatungsstelle mit dem Ausbau der Betreuungsverhältnisse auch auszubauen?

Dies wäre sehr wünschenswert. Das Land Baden-Württemberg fördert die Städte und Landkreise auf Grundlage der Anzahl der aktiven Tagespflegepersonen des vergangenen Jahres.

Ergänzend wird die so genannte »fachliche Begleitung« in Kindertagespflege, insbesondere zur Verbesserung der Personalstruktur, vom Land gefördert.

Hierzu wird ein Personalschlüssel von einer pädagogischen Fachkraft auf 60 bzw. 90 Betreuungsverhältnisse zu Grunde gelegt. Am 1. Dezember 2011 wurde zwischen der Landesregierung und den kommunalen Landesverbänden »der Pakt für Familien mit Kindern« geschlossen. Unter anderem soll ein Teil der Mittel für die Aufwertung der fachlichen Begleitung von Tagespflegepersonen und Verbesserung der personellen Ausstattung der Fachberatungen eingesetzt werden.

Wissenschaftliche Untersuchungen des Deutschen Jugendinstitutes belegen, dass eine persönliche Vermittlung und eine enge Begleitung der Betreuungsverhältnisse entscheidend zum Gelingen des Betreuungsverhältnisses beitragen. Aus diesem Grund begrüßt der TagesmütterVerein, dass mit den zusätzlichen Mitteln die Begleitung der Betreuungsverhältnisse ausgebaut werden kann.

Könnten Sie kurz die Aufgaben und die Struktur Ihrer Fachberatungsstelle darstellen?

Die Tätigkeitsfelder sind:

- Werbung und Gewinnung neuer Tagespflegepersonen
- Vorbereitung, Qualifizierung und Fortbildung der Tagespflegepersonen
- Beratung, Vermittlung und Begleitung von Tagespflegepersonen und Eltern
- Administration
- übergeordnete Aufgaben für Kooperationen, Netzwerke und Öffentlichkeitsarbeit

Seit dem 1. Juli 2010 ist der TagesmütterVerein Freiburg Inhaber des Gütesiegels für Bildungsträger des Bundesministeriums für Familie, Senioren, Frauen und Jugend, der Bundesagentur für Arbeit und des Kommunalverbandes für Jugend und Soziales Baden-Württemberg.

Seit 2010 ist der TagesmütterVerein Freiburg anerkannter Maßnahmenträger des Bundesverbandes für Kindertagespflege

Die Organe des Vereins sind der Vorstand, der Beirat und die Mitgliederversammlung.

Der Vorstand hat die Fach- und Dienstaufsicht gegenüber der Leitung der Geschäftsstelle. Die Leitung der Geschäftsstelle hat die Fach- und Dienstaufsicht gegenüber den Angestellten.

Haben Sie Kooperationspartner, die Teile der Fachberatung ausführen?

Welche Aufgaben der Fachberatung bearbeiten sie selber und wie finden Absprachen zwischen den Kooperationspartnern statt?

Die Stadt Freiburg hat per Fördervertrag die oben genannten Aufgaben an den TagesmütterVerein Freiburg übertragen. Die Stadt Freiburg hat die Gesamtverantwortung, erteilt die Pflegeerlaubnis, übernimmt parallel auch die Beratung und Vermittlung von Tagespflegepersonen und Eltern und regelt die Kostenübernahme.

Es finden regelmäßige Kooperationsgespräche zwischen der Stadt Freiburg und dem TagesmütterVerein Freiburg statt.

Machen Sie eine regelmäßige Zufriedenheitsabfrage bei den Nutzern der Fachberatungsstelle?

Im Rahmen der Qualifizierungsmaßnahmen finden Evaluationen durch die Teilnehmenden sowie die Referentinnen statt. Zum Ende einer Qualifizierungsmaßnahme findet ein Auswertungsgespräch mit den Referentinnen statt.

Im Rahmen der Begleitung werden regelmäßig Hausbesuche bei aktiven Tagespflegepersonen durchgeführt. Ein Bestandteil ist hierbei die Zufriedenheitsabfrage. Die Rückmeldungen werden ausgewertet und finden Berücksichtigung in der weiteren Planung und Durchführung der Angebote.

Gibt es ein Qualitätsverfahren, nach dem Sie arbeiten?

Der TagesmütterVerein Freiburg ist seit 1. Juli 2010 Inhaber des Gütesiegels für Bildungsträger des Bundesfamilienministeriums. Im Sommer 2011 fand das Wiederholungs-Audit durch den Kommunalverband für Jugend und Soziales in Stuttgart statt.

Der TagesmütterVerein arbeitet entsprechend nach den Qualitätskriterien dieses Gütesiegels, die sich auf die pädagogischen Fachkräfte, die Referentinnen, geeignete Räumlichkeiten, eine moderne technische Ausstattung und kontinuierliche Evaluationen während und am Ende der Qualifizierungen beziehen.

Was brauchen Sie um Ihren gesetzlichen Auftrag noch besser zu erfüllen?

Mit zusätzlichen Personalstellen und kostengünstigen Räumlichkeiten für die Qualifizierungen und Fortbildungen könnte die Beratung und Begleitung intensiver gestaltet werden (vgl. Betreuungsschlüssel). Personelle und finanzielle Kapazitäten für die Öffentlichkeitsarbeit könnten helfen, die Lobby für die Kindertagespflege deutlich zu verbessern.

Gibt es Aufgaben, die Sie in Zukunft auslagern wollen?

Nein. Wie bereits oben erwähnt bilden eine enge Begleitung und die kontinuierlichen Kontakte zwischen den Tagespflegepersonen und der Fachberatungsstelle – vom Erstgespräch bis hin zu den Praxis begleitenden Fortbildungen – die Grundlage für eine gute Zusammenarbeit. Eine Auslagerung einzelner Tätigkeitsfelder würden wir aus diesen Gründen nicht befürworten.

Was wünschen Sie sich für eine qualitativ gute Fachberatung?

Für eine qualitativ gute Fachberatung wünschen wir uns die gesetzliche Verankerung des Titels »Fachberatung Kindertagespflege« und eine Stelle, die uns diesen Titel offiziell verleiht.

Die Erfüllung dieses Wunsches könnte ein großer und guter Schritt hin zu einem gesetzlich verankerten Unterstützungssystem für die Kindertagespflege sein.

Die vier Säulen der Fachberatung in der Kindertagespflege

Mit der Fachberatung in der Kindertagespflege sind vielfältige Aufgaben, Organisationsstrukturen, Anforderungen, Handlungsspielräume und Angebote verbunden. Hinzu kommt eine Vielzahl verschiedener Trägerstrukturen. So ist die Fachberatung nicht nur bei den Trägern der öffentlichen Jugendhilfe und bei den freien oder bei den kommunalen Einrichtungsträgern angesiedelt, sondern mitunter auch bei kommerziellen Anbietern oder Unternehmen für Fortbildung und Beratung.

Die jeweiligen kommunalen Begebenheiten und konkreten Bedarfslagen erschweren eine einheitliche Tätigkeitsbeschreibung der Fachberatung. Es gibt auch nur vereinzelt trägerspezifische Beschreibungen der Aufgaben und Funktionen von Fachberatung, die sich auf die Praxis beziehen. Alle Träger beschäftigen sich mit den vier Aufgabenbereichen von Fachberatung: Beratung, Vermittlung, Begleitung und Qualifizierung, die von einem Träger oder verschiedenen Trägern in einer Kommune umgesetzt werden können.

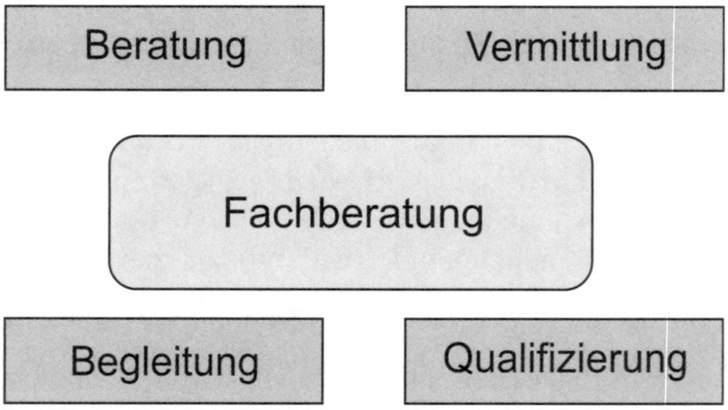

Die vier Säulen der Fachberatung in der Kindertagespflege

Unter Fachberatung wird im umgangssprachlichen Gebrauch meist der reine Beratungsprozess verstanden. Die Vermittlung, Begleitung und Qualifizierung sind aber ebenfalls Aufgaben der Fachberatung in der Kindertagespflege. So müsste es korrekterweise auch Fachvermittlung, Fachbegleitung und Fachqualifizierung heißen. Das führt zu einer gewissen Ungenauigkeit der Fachberatung als Einrichtung mit ihren Aufgaben und der speziellen Aufgabe der Beratung, die eine von vier Aufgaben ist. Aus diesem Grunde wird im Folgenden von der Fachberatung im Sinne des gesetzlichen Auftrages mit den vier Aufgaben, die im Weiteren mit Beratung, Vermittlung, Begleitung und Qualifizierung bezeichnet werden, gesprochen.

4.1 Beratung

In der Kindertagespflege sind Erziehungsberechtigte und Kindertagespflegepersonen zwei Parteien, die unterschiedlichen Beratungsbedarf haben. Die Fachberatung stellt eine Schnittstelle zwischen beiden dar, welche die gegenseitigen Erwartungen und ihre Kooperation miteinander abstimmt, Rivalitäten und Konflikten durch gute Aufklärung vorbeugt, die Vereinbarungen zwischen den Parteien überwacht und eine kontinuierliche Betreuung gewährleistet.

Das Recht auf Beratung beider Parteien ist in § 23, Abs. 4 SGB VIII verankert.

Auch die Zusammenschlüsse von Kindertagespflegepersonen haben für ihre spezielle Angebotsform einen Beratungsanspruch.

§

§ 23 Abs. 4 SGB VIII
Förderung in Kindertagespflege

(4) Erziehungsberechtigte und Tagespflegepersonen haben Anspruch auf Beratung in allen Fragen der Kindertagespflege. Für Ausfallzeiten einer Tagespflegeperson ist rechtzeitig eine andere Betreuungsmöglichkeit für das Kind sicherzustellen. Zusammenschlüsse von Tagespflegepersonen sollen beraten, unterstützt und gefördert werden.

Eine Vertretungsregelung in der Kindertagespflege, die das Jugendamt gewährleistet, muss verlässlich, gut organisiert und die vertretende Person sollte den Kindern vertraut sein. Hier kann die Fachberatung mit passenden Angeboten, die in der Kommune existieren, beratend unterstützen und die Vernetzung unter den Kindertagespflegepersonen fördern, um den Vertretungsbedarf untereinander und für die Beratung bekannt zu machen. Die Beratung kann durch das Jugendamt, Erziehungsberatungsstellen oder freie Träger angeboten werden.

Ein erster Kontakt mit Eltern oder Kindertagespflegepersonen wird über das Telefon, eine E-Mail oder den Postweg zustande kommen. Für eine fachliche Erstberatung sollte ein Gesprächstermin zu einer persönlichen Einzelberatung vereinbart werden, in dem das Angebot der Kindertagespflege in der Kommune dargestellt wird und Fragen der Erziehungsberechtigten oder der Kindertagespflegeperson beantwortet werden.

Dreiergespräche bieten sich an, wenn Lösungen bei Problemen oder Konflikten gemeinsam erarbeitet und das Betreuungsverhältnis stabilisiert und weiterentwickelt werden soll.

In der Beratung gibt es zwei wichtige Aufgaben, die miteinander in Wechselwirkung stehen. Ohne aktuelle Informationen ist die Beratung nicht möglich und ohne Beratung, in der Fragen und Anforderungen formuliert werden, ist keine klientenbezogene Informationsaufbereitung möglich.

Zur Informationsarbeit gehört das Erschließen, Aufbereiten und Aktualisieren der für die Kindertagespflege wichtigen Themen. Das sind aktuelle Rechtsfragen, die Weitergabe aktueller Fachinformationen zu Betreuung, Erziehung und Bildung, wichtige Kontaktadressen und Informationsveranstaltungen und finanzielle Regelungen in der Kindertagespflege. Der/die Berater/-in einer Fachberatungsstelle für Kindertagespflege sammelt Informationen, welche bundesweit, landesspezifisch, für die Kommune und für die Organisation, in die er/sie eingebunden ist, relevant und wichtig sind. Die Informationen werden nach dem Bedarf für die verschiedenen Klienten der Beratung sortiert und zusammengestellt.

In der Beratungsarbeit werden diese aufbereiteten Informationen genutzt und den Klienten zur Verfügung gestellt. Fragen und Anforderungen, die aus dem Beratungsprozess entstehen und durch die zur Verfügung stehenden Informationen nicht beantwortet werden können, werden Grundlage für die weitere Informationsarbeit der Beratungsaufgabe.

Klientenbezogene Beratung versteht sich immer im Prozess zwischen der Aktualisierung des Informationsbedarfs und der Beratung selber.

Ein Klient im klassischen Sinn ist »eine Person, die sich im Feld pädagogischer Praxis einem Berater … anvertraut«. (Horst Schaub/Karl G. Zenke)

Im modernen Sinn versteht man unter »Klient« den »Auftraggeber« oder auch »Kunden«, den Adressaten einer pädagogischen Dienstleistung. (Franz Stimmer)

Die Personen – Klienten –, welche die Fachberatung aufsuchen sind Erziehungsberechtigte, Kindertagespflegepersonen und Organisationen, die die Kindertagespflege nutzen, unterstützen oder ausbauen wollen. Ein allgemeiner Beratungsbedarf besteht, wenn wenig über die Arbeit der Kindertagespflege bekannt ist, eine Person sich über das Angebot der Kindertagespflege informieren will, eine Kindertagespflegeperson die lokalen Informationen zur Kindertagespflege erfahren möchte oder sich bereits für eine Ausbildung zur Kindertagespflegeperson interessiert. Spezielle Fragen der Vermittlung eines Kindes oder die Klärung bei Konflikten gehören bereits in den Bereich der Vermittlungs- und der Begleitungsarbeit einer Fachberatung.

Beratung Eltern

Die Bundesregierung spricht sich in: »Ausbau und Qualität der Kinderbetreuung – Gleiche Bildungschancen für alle Kinder von Anfang an« dafür aus, dass Mütter und Väter frei wählen können müssen und deshalb ein »ausreichendes und vielfältiges

Betreuungsangebot in guter Qualität zur Verfügung« stehen muss. Dieses Wahlrecht ist Eltern auch gesetzlich durch den § 5 Abs. 1 SGB VIII garantiert und sollte deshalb Bestandteil einer ersten Information an die Eltern sein.

§

§ 5 Abs. 1 SGB VIII
Wunsch- und Wahlrecht

Die Leistungsberechtigten haben das Recht, zwischen Einrichtungen und Diensten verschiedener Träger zu wählen und Wünsche hinsichtlich der Gestaltung der Hilfe zu äußern. Sie sind auf dieses Recht hinzuweisen.

Personensorgeberechtigte wollen wissen,
- wie sie eine Kindertagespflegeperson finden,
- welche Betreuungszeiten angeboten werden,
- wie viel Zeit sie selber für Eingewöhnung, Bring- und Abholzeiten einplanen müssen,
- nach welchen Kriterien die Kindertagespflegeperson als geeignet eingestuft wird,
- wie diese ausgebildet ist,
- wo das zu betreuende Kind betreut wird,
- wie viele Kinder bei der Kindertagespflegeperson betreut werden,
- ob die Kindertagespflegeperson auch zum Kind kommt,
- wie die Kinder und wie die Kindertagespflegeperson versichert ist,
- welche Kosten durch das Betreuungsangebot entstehen,
- welche Unterstützungsmöglichkeiten für Personensorgeberechtigte bestehen,
- wie das Betreuungsverhältnis geregelt wird,
- ob es eine Vertretungsregelung gibt, wenn die Kindertagespflegeperson verhindert oder krank ist.

Einige der Antworten auf diese Fragen können in einem Flyer für Eltern und Erziehungsberechtigte abgedruckt und zur Erstinformation verteilt werden. In einem solchen Flyer gehören Antworten, die sich nicht sehr schnell ändern oder überholt haben. Andere Antworten können nur in Bezug auf die Wohn-, Finanz- und Arbeitszeitsituation der Personensorgeberechtigten individuell beantwortet werden und gehören dann in die individuelle Einzelberatung. Je mehr allgemeine Informationen in einem Flyer oder einer Broschüre vorliegen, desto mehr Zeit bleibt bei der persönlichen Einzelberatung für individuelle Fragen und eine klientenbezogene Vorgehensweise.

Beratung Kindertagespflegeperson

Neben den Personensorgeberechtigten haben die Kindertagespflegepersonen einen rechtlichen Anspruch auf Beratung in allen Fragen der Kindertagespflege. Menschen, die sich als zukünftige Kindertagespflegeperson oder in die Kommune hinzugezogene ausgebildete Kindertagespflegeperson beraten lassen wollen, haben einen sehr unterschiedlichen Beratungsbedarf. Allgemeine Informationen, wie die

Kindertagespflege in der Kommune geregelt ist, wo sich die für die Kindertagespflege zuständigen Stellen befinden und wann, wo und wie eine Beratung durchgeführt wird, können ebenfalls durch einen Flyer oder eine Broschüre die Beratungszeit stark reduzieren.

Kindertagespflegepersonen wollen wissen:
- wie und durch wen sie vermittelt werden können,
- welche Voraussetzungen zur Ausübung der Arbeit als Kindertagespflegeperson erwartet werden,
- wo sie eine anerkannte Grundqualifizierung und später Fort- und Weiterbildung machen können.
- welche Betreuungssätze in der Kommune üblich sind,
- ob sie zusätzliche Kostenerstattungen von den Personensorgeberechtigten erheben können,
- ob es eine Förderung zur Erstausstattung gibt,
- welche Versicherungen abgeschlossen sein müssen.,
- welche rechtlichen und finanziellen Regelungen für sie aktuell gelten,
- welche Betreuungsformen in der Kommune existieren,
- wie es zu einem ersten Kontakt mit dem Kind und den Personensorgeberechtigten kommt,
- wie es mit einem Vertretungssystem im Krankheitsfall aussieht,
- ob es vor Ort einen Zusammenschluss von Kindertagespflegepersonen gibt,
- wer bei Konfliktfällen in der Kindertagespflege zur Beratung zur Verfügung steht.

Da in eine Fachberatung bereits tätige Kindertagespflegepersonen und für die Tätigkeit Interessierte kommen können, ist der Umfang und Ablauf eines solchen Gespräches sehr individuell und bildet die Grundlage für ein gutes Verhältnis zwischen dem Träger, der für die Kindertagespflege in der Kommune zuständig ist und der Kindertagespflegeperson. In diesem ersten Gespräch kann der Betreuungs-, Erziehungs- und Bildungsauftrag der Kindertagespflege bereits genannt und vermittelt werden. Auf neue Erkenntnisse der frühkindlichen Bildung und Entwicklung kann durch die Fachberatung aufmerksam gemacht werden. Eine gute Kommunikationsbasis von Anfang an beeinflusst spätere Gespräche positiv und erleichtert die Aufgaben der Qualifizierung, Vermittlung und Begleitung.

Beratung anderer Organisationen

Gesellschaft, Politik und Wirtschaft interessieren sich ebenfalls für die Entwicklung und den Ausbau der Kindertagespflege in der Kommune. Sie zu informieren gehört auch zu den Aufgaben einer Fachberatung. Da es für diese Gruppe keinen gesetzlichen Beratungsauftrag gibt, finden keine Beratungs- sondern Informationsgespräche statt. Durch allgemeine Informationsblätter können eine Menge Fragen bereits beantwortet werden, so dass die offizielle Beratungszeit nicht unnötig lange durch Anfragen von Organisationen aus diesen Bereichen belegt wird. Die Informationsweitergabe an solche Organisationen ist wichtig, um ein Verständnis für die Kindertagespflege über das eigentliche Betreuungsverhältnis hinaus zu gewährleisten, Unterstützungspartner beim Ausbau der Kindertagespflege zu gewinnen und neue Möglichkeiten des Einsatzes von Kindertagespflegepersonen zu ermitteln.

An der Kindertagespflege interessierte Organisationen wollen wissen:
- was Kindertagespflege von anderen Betreuungsformen unterscheidet,
- welche Betreuungsqualität durch Kindertagespflege gewährleistet wird,
- wie viele Betreuungsplätze durch Kindertagespflege in der Kommune zur Verfügung stehen,
- welche beruflichen Voraussetzungen an die Kindertagespflegepersonen gestellt werden,
- welche aktuellen rechtlichen Bestimmungen gelten,
- welche Organisationen in der Kommune für die Kindertagespflege zuständig sind,
- wie teuer ein Betreuungsplatz in der Kindertagespflege ist,
- welche Fördermittel für die Kindertagespflege existieren,
- mit welcher Unterstützung eine Organisation beim Ausbau der Kindertagespflege rechnen kann,
- welche Informationsbroschüren für an der Kindertagespflege interessierte Personen zur Verfügung stehen,
- welche weiterreichenden und landesweit oder bundesweit für die Kindertagespflege zuständigen Organisationen Informations- und Beratungsaufgaben wahrnehmen.

Durch das Informieren von Gesellschaft, Politik und Wirtschaft wird Kindertagespflege bekannt gemacht und der politisch gewünschte Ausbau dieser Betreuungsform unterstützt.

Kernstück der Beratungsleistung in der Fachberatung für Kindertagespflege bleiben ungeachtet dessen die Personensorgeberechtigten und die Kindertagespflegepersonen.

Die Fachberatung in der Kindertagespflege hat neben der Erstberatung dieser beiden Personengruppen die Aufgaben Vermittlung und Begleitung der Personensorgeberechtigten und der Kindertagespflegepersonen und die Qualifizierung letzterer.

4.2 Vermittlung

Die Vermittlung von Kindertagespflegepersonen ist ein von der Beratung unabhängiger Arbeitsschritt, sollte jedoch die Informationen der Beratung nutzen, um eine passgenaue Vermittlung sowohl für die Eltern als auch für die Kindertagespflegeperson zu ermöglichen. Je zufriedener und selbstständiger die einzelnen Parteien miteinander sind, desto leichter können sie anstehende Probleme möglichst eigenständig lösen. Die in eine gute Erstberatung und Vermittlung investierte Zeit zahlt sich meistens durch stabile und gute Betreuungsverhältnisse aus.

In der Vermittlungsarbeit wird der Elternbedarf ermittelt, interessierte Kindertagespflegepersonen werden auf ihre Eignung überprüft und erhalten bei Eignung eine Pflegeerlaubnis. Der Kontakt zwischen Erziehungsberechtigten und Kindertagespflegepersonen wird hergestellt und beide Partien werden bei der Absprache zu individuellen und passenden Betreuungslösungen unterstützt. Dazu gehört es sowohl das Alter, den Entwicklungsstand und die Bedürfnisse des Kindes als auch die Betreuungszeiten, die Betreuungsstelle in ihrer lokalen Anbindung, die Erziehungsvorstellungen der Erziehungsberechtigten und Kindertagespflegepersonen und die Zusammensetzung der Betreuungsgruppe zu berücksichtigen. In einem Betreuungsvertrag werden die getroffenen Vereinbarungen zwischen den Erziehungsberechtigten und der Kindertagespflegeperson schriftlich festgehalten. Viele Kommunen haben ihre eigenen Verträge, die sie für die Kindertagespflege entwickelt haben. Es gibt auch Verträge, die von Verbänden, Vereinen oder Verlagen empfohlen werden. Wichtig ist, das der Vertrag nach den gesetzlichen Bestimmungen des Bürgerlichen Gesetzbuches (BGB) geregelt ist.

Der Vermittlungsprozess kann erschwert werden,

- wenn es eine höhere Nachfrage nach Betreuungsplätzen gibt als geeignete und praktizierende Kindertagespflegepersonen, die vermittelt werden können,
- wenn es mehr Kindertagespflegepersonen gibt als Personensorgeberechtigte, welche die Kindertagespflege in Anspruch nehmen wollen,
- wenn die lokale Wohnverteilung von Personensorgeberechtigten und Kindertagespflegepersonen ungünstig ist, so dass zu lange Wegstrecke zum Betreuungsplatz erforderlich sind,
- wenn ausreichend viele Kindertagespflegeplätze existieren, eine passgenaue Vermittlung aber bei den interessierten Personensorgeberechtigten nicht möglich ist,
- wenn vermittelte Betreuungsverhältnisse trotz guter Beratung nicht gelingen,
- wenn es aufgrund der Arbeitssituation in den Familien zu vielen Umzügen und Änderungen im Betreuungsverhältnis kommt,
- wenn Personensorgeberechtigte sich für mehrere Betreuungsplätze in verschiedenen Betreuungsformen anmelden, um gesichert einen Betreuungsplatz für ihr Kind zu erhalten.

Mit der Vermittlung ist deshalb der Auftrag für die Fachberatung nicht beendet. Probleme, die in einem Betreuungsverhältnis entstehen, können durch die weitere Begleitung der beteiligten Personen gelöst oder aufgehoben werden. Die Fragen, welche die Verteilung von Plätzen und das Zustandekommen von Betreuungsverhältnissen betreffen, können mit einem von der europäischen Union geförderten Programm »Little Bird« beantwortet werden.

»Little Bird« ist eine Software für ein Suchportal, die individuell einsetzbar Betreuungsplätze in einer Kommune verwaltet. An Betreuungsplätzen interessierte Eltern können ihre Wünsche eingeben, sich bei verschiedenen Betreuungsangeboten als Interessierte melden und durch einen abgeschlossenen Vertrag im System als vermittelt gekennzeichnet werden. Dadurch ist eine nach Vertragsabschluss unmittelbare Transparenz noch freier Betreuungsplätze möglich. Kindertagespflegepersonen können ihr Angebot in dem Programm für Eltern sichtbar machen und bei Belegung eines Platzes diesen im System kenntlich machen.

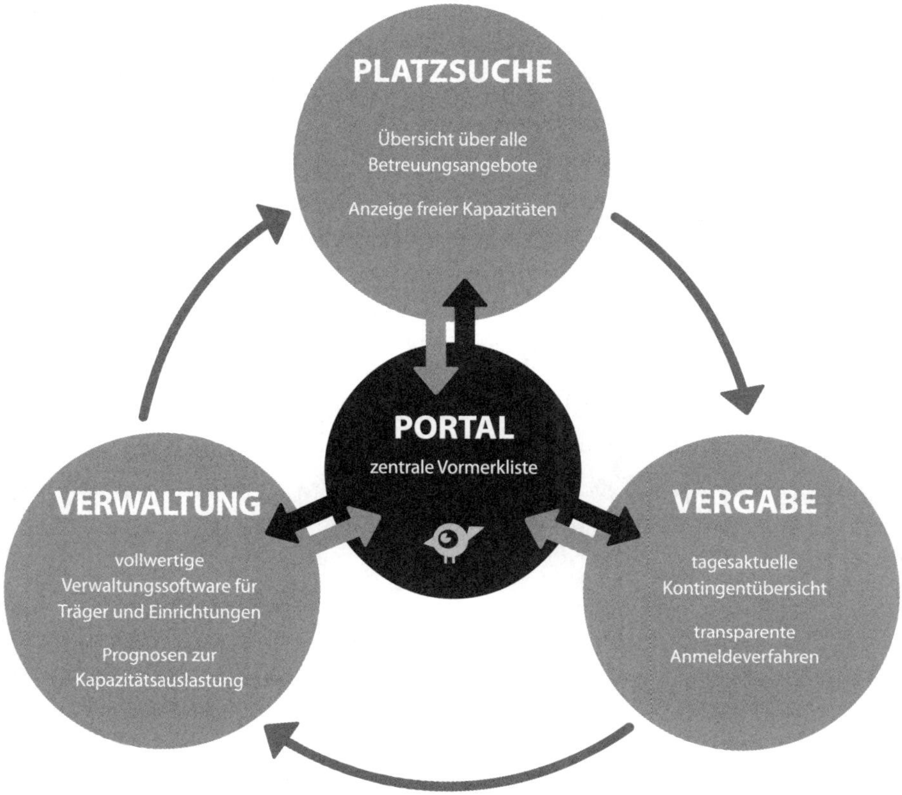

Abbildung: © 2012 LITTLE BIRD GmbH »Wechselwirkung zwischen Platzsuche, Vergabe und Verwaltung«

Dadurch entsteht eine hohe Vermittlungstransparenz für alle Beteiligten, die durch die Vergabe von Zugriffsrechten sowohl vor Fremdzugriff als auch Datenmissbrauch geschützt werden können.

Am 15. September 2011 wurde die Stadt Heidenau für den Einsatz dieses Suchportals für Betreuungsplätze mit dem EPSA ausgezeichnet. EPSA – European Public Sector Awards – ist ein Projekt der europäischen Kommission, wird von 15 Mitgliedsstaaten unterstützt und existiert seit 2007.

Heidenau ist eine von 15 Gewinnern in der Kategorie: »Förderung des öffentlichen Bereichs durch gemeinschaftliches Regieren« mit dem Titel: Einführung in die interaktive Suche, Bereitstellung und den Verwaltungsablauf im Jugendhilfebereich.

Dem Suchportal liegt die Software von »Little-Bird« zugrunde, welches durch die Europäische Union und dem europäischen Fonds für regionale Entwicklung gefördert wird.

Heidenau gehört mit Bischofswerda und Aachen zu den ersten Kommunen, die dieses Suchportal in Deutschland für die Suche, Bereitstellung und Verwaltung ihrer Betreuungsplätze einsetzt.

Interview

»Little Bird« – Portal für die Kindertagespflege

Sylvia Röder, Beate Müller und Anke Odrig im Gespräch mit der Autorin.

Frau Röder, die Stadt Heidenau hat 2011 für den Einsatz des Suchportals »Little Bird« den European Public Sector Award bekommen. Was bedeutet das?

Der Preis ist ein europäischer Preis und wurde für den Einsatz von »Little Bird« – eine Verwaltungslösung mit erheblichen Einsparpotenzial – vergeben.

In welchem Bereich liegt genau dieses Einsparpotenzial?

Mit »Little Bird« ist es erstmals möglich, das Suchen, Reservieren und Verwalten von Kinderbetreuungsangeboten effizient zu gestalten.

Frau Odrig, Sie sind die Geschäftsführerin von »Little Bird« und stellen diese Funktion in Form eines Internetportals zur Verfügung. Wie kamen Sie auf diese Produktidee?

Ich hatte in Berlin große Schwierigkeiten einen Betreuungsplatz für meinen Sohn zu finden und war erstmals mit der Problematik der Vergabe und Verwaltung von Betreuungsplätzen konfrontiert. Da ich selber zu dem damaligen Zeitpunkt Projektmanagerin in einem großen Softwarehaus war, kam mir die Idee eine umfassende Lösung für die Suche, Vergabe und Verwaltung von Kinderbetreuungsplätzen zu entwickeln.

Das ist Ihnen ja sehr erfolgreich gelungen, Sie konnten sich im März 2012 auf der Cebit als Gewinner der Urban Solutions Pitches präsentieren. Wie kam es dazu? Die Cebit gilt doch eher als ein Technologieforum.

Ja, wir waren auch sehr stolz auf diese Auszeichnung. Eine solche Präsentation im Rahmen eines Technolgieforums zeigt gerade das Zusammenspiel von intelligenten Technologielösungen für innovativ ausgerichtete Städte, die bereit sind ihre Verwaltung zukunftsorientiert zu gestalten. Intransparenz bei der Vergabe der Kinderbetreuungsplätze kann somit der Vergangenheit angehören.

Frau Müller, Sie haben »Little Bird« ebenfalls in Bischofswerda eingesetzt. Was hat Sie dazu bewogen?

Wir hatten bereits seit längerer Zeit vor, eine technische Hilfe für unsere Verwaltungsarbeit im Kita-Bereich einzusetzen. »Little Bird« kam uns mit seiner sehr individuell zugeschnittenen Lösung zeitlich einfach sehr passend ins Blickfeld, insbesondere hat uns der Serviceansatz für die Eltern überzeugt.

Wir haben noch nicht alle Module der Softwarelösung eingesetzt. Es fehlen uns noch das Kalkulationsmodul und das Modul für die Personalplanung. Beides ist aber für einen baldigen Einsatz geplant. Da die Plattform für Eltern selbsterklärend gestaltet ist, sind die Anfragen von (frustrierten) Eltern stark zurückgegangen.

Wie kann ich mir den Ablauf einer solchen Platzsuche und -vergabe vorstellen? Frau Röder, möchten Sie etwas dazu sagen?

Ja, gerne. Wir können von fünf Phasen der Platzanfrage bis zum Vertragsabschluss ausgehen. Über das Portal von »Little Bird« können sich Eltern schnell und bequem einen Überblick über geeignete Betreuungsangebote in ihrer Nähe verschaffen und sich für einen Platz als Interessierte eintragen. Im zweiten Schritt sehen die Einrichtungsleiterinnen und Tagespflegepersonen in ihrem tagesaktuellen Buchungssystem, welche Verträge bereits bestehen und wie lange diese Verträge laufen. »Little Bird« zeigt der Leiterin oder Tagespflegeperson freie Plätze an. Ein freier Platz kann dann unmittelbar einer interessierten Familie verbindlich angeboten werden. Wenn die Eltern dann im vierten Schritt den Platz reservieren, verschwindet die Platzanfrage automatisch von einer zentralen Vormerkliste, so dass die Zuordnung »Platz zu Kind« schneller bekannt ist und andere für die Eltern zuvor interessante Kinderbetreuungsplätze zur Vermittlung wieder frei sind.

Läuft das alles über das Internet? Ist das Kind vor Vertragsabschluss in der Betreuungsstelle unbekannt?

Nein, das sollte auf keinen Fall so laufen. Die Kindertagespflegeperson oder die Einrichtung machen mit den interessierten Eltern einen Vorstellungstermin aus. Das geschieht zwischen Planung und der Bestätigung, dass der Platz für ein Kind zur Verfügung steht. Der Platz wird den Eltern angeboten. Wenn das Vorstellungsgespräch nicht für beide Seiten zufriedenstellend war, können die Eltern oder auch die Tagespflegeperson und die Einrichtung die Bekundung des Interesses oder das Angebot zurücknehmen.

Frau Müller, wie ist der Umgang mit vertraulichen Daten auf der Plattform?

Der Einsatz des Portals wurde von unseren EDV-Administratoren geprüft und für sicher befunden. Jeder sieht nur die Daten, für die er eine Berechtigung hat.

Die Stadt kann die gesamte Suche einsehen, damit sie über die freien und bereits vergebenen Plätze eine Übersicht hat. Eine Tagesmutter sieht nur die Daten für ihre Kinder. Die Eltern sehen nur ihren persönlichen Vorgang. Jeder darf nur die Daten sehen, für deren Erzeugung und Verwaltung er zuständig ist. Die Verwaltung der Stadt sieht auch nur die Daten, welche für die Übersicht der vergebenen Plätze relevant ist.

Frau Odrig, wie ist das technisch möglich und wie sicher ist das Ganze?

Ein Rechte- und Rollenkonzept regelt bei »Little Bird« die Datenzugriffe im Sinne des Datenschutzgesetzes. Es existiert eine Art »Hochsicherheitstrakt« mit einem Sicherheitszertifikat, welches beim Einloggen der jeweiligen Parteien: Verwaltung oder Kindertagespflegeperson aktiviert wird. Die Zugriffrechte können vom Systemadministrator individuell vergeben werden, entsprechen allerdings immer den herrschenden Datenschutzbestimmungen.

Frau Röder, kann es passieren, dass Kindertagespflegepersonen, die keine Pflegeerlaubnis haben, über »Little Bird« ein Angebot für einen Betreuungsplatz einstellen?

Nein das ist nicht möglich, weil wir »Little Bird« angeschafft haben und eine Lizenz für die Nutzung von »Little Bird« nur an Kindertagespflegepersonen vergeben, die eine Pflegeerlaubnis nachweisen können.

Was ist denn, wenn eine Kindertagespflegeperson keinen Computer zur Verfügung hat, aber gerne die Vorteile von Little Bird nutzen möchte?

In einem solchen Fall ermöglichen es unsere Beratungsstellen ein Angebot für eine zugelassene Kindertagespflegeperson einzustellen.

Frau Odrig, ihre Idee die Vermittlung von Betreuungsplätzen zu optimieren trägt ganz offensichtlich Früchte. Wird das Programm noch weiterentwickelt?

Die Vorgehensweise »Little Bird« bei den für die Betreuungsplätze zuständigen Institutionen und Träger zu implementieren, ist eine mehr projekt- als produktorientierte Vorgehensweise. Natürlich gibt es das Basisprodukt, welches man anschaffen und einsetzen kann. Die Intelligenz und auch die Auszeichnung von »Little Bird« besteht in ihrem modularen Aufbau, der einen sehr individuellen anwendungsorientierten Einsatz ermöglicht. Das wird den unterschiedlichen Anforderungen in den verschiedenen Kommunen gerecht und lässt eine qualitativ gute Entwicklung in der Praxis zu.

4.3 Begleitung

Da nach der Beratung und der Vermittlung für Eltern und Kindertagespflegepersonen immer wieder Fragen und Probleme auftauchen, die in der Erstberatung noch nicht gesehen wurden oder noch nicht entstanden waren, ist eine Begleitung des Betreuungsverhältnisses zum Wohle des Kindes sehr wichtig. Damit kleine Anfangsprobleme nicht zu großen Konflikten oder Gefahren werden, unterstützt die Fachberatung das Betreuungsverhältnis durch regelmäßige Hausbesuche bei der Kindertagespflegeperson und durch Beratungszeiten für bestehende Betreuungsverhältnisse. Durch Einzelberatung oder durch Dreiergespräche können Probleme und Konflikte frühzeitig besprochen und bearbeitet werden. Die fachliche Begleitung hat in der Fachberatung für den Auftrag Bildung, Erziehung und Betreuung eine sehr wichtige Bedeutung. Hier wird für bestehende Betreuungsverhältnisse die Entwicklung zur Bildungsbegleitung in der Kindertagespflege unterstützt und weitergeführt.

In einzelnen Fällen kann es passieren, dass sich bei der Begleitung des Betreuungsverhältnisses eine Kindertagespflegeperson in der langfristigen Praxis doch als ungeeignet herausstellt oder dass Eltern ihrem Schutzauftrag für das Kind nicht ausreichend nachkommen. Da solche Beurteilungen nicht von Einzelpersonen entschieden werden können, ist es erforderlich, Kollegen, zuständige Ämter, kooperierende Träger und Fachleute hinzuziehen. Es ist wichtig, dass Mitarbeiter im Bereich der Begleitung über die Verfahrensweise bei der Kindeswohlgefährdung ausreichend fortgebildet werden, da das Kindeswohl in diesem Zusammenhang die höchste Priorität hat. Das Fortbildungsmodul: »Handlungskompetenz bei Kindeswohlgefährdung im Kontext der Kindertagespflege für Tagespflegepersonen« hilft in der Begleitung auch präventiv, den Kindertagespflegepersonen mehr Rechts- und Handlungssicherheit zu geben.

Verfahrensablauf – Handlungsleitfaden

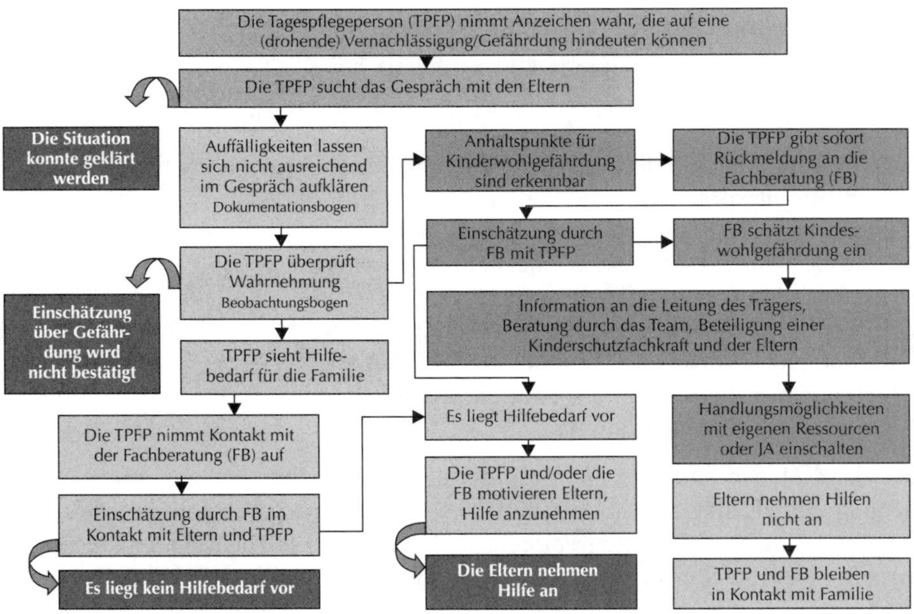

(Abbildung: VAMV LV NRW e. V. 2007)

Das Schaubild zeigt einen Ablauf, der durch Wahrnehmung, absicherndes Beobachten und deutliches Erkennen einer Kindeswohlgefährdung geprägt ist. Vom ersten Verdacht bis hin zur Entkräftigung oder Bestätigung des Verdachts kann die Kindertagespflegeperson ihre nächste Handlungsoption sehen, Hilfebedarf erkennen und sich frühzeitig Unterstützung und Hilfe holen. Vorsichtige Versuche einen ersten Verdacht auf Kindeswohlgefährdung mit den Eltern zu besprechen können noch von der Fachkraft für Kindertagespflege unternommen werden. Ein bestätigter Verdacht auf Kindeswohlgefährdung sollte mit dem Fachpersonal der zuständigen Fachberatung besprochen werden. Das Schaubild kann helfen das angeratene Verhalten den Fachkräften für Kindertagespflege anschaulich zu vermitteln und ihnen damit eine große Unsicherheit im Umgang mit dem Thema Kindeswohlgefährdung nehmen. Alles weitere Vorgehen bei einem begründeten Verdacht auf Kindeswohlgefährdung gehört in fachlich dafür ausgebildetes Personal. Die Bundesvereinigung der deutschen Spitzenverbände hat 2009 Empfehlungen zur Festlegung fachlicher Verfahrensstandards in den Jugendämtern bei Gefährdung des Kindeswohls veröffentlicht, die in den Nachrichten des Deutschen Vereins nachlesbar sind. Die Änderungen des SGB VIII haben in Bezug auf das Kindeswohl nicht dazu geführt, dass festgeschrieben wurde, was »Kindeswohl« oder das »richtige Tun« ist, sondern geben viel mehr vor, was methodisch getan werden soll und dass das gewählte Vorgehen richtig begründet wird. Damit ist noch unbekannten Umständen, die das Kindeswohl gefährden, ebenso professionell zu begegnen wie bekannten Missständen.

Hausbesuch

Der Hausbesuch in der Kindertagespflege ist Teil der Eignungs-/Nichteignungsfeststellung und Teil der begleitende Unterstützung der Kindertagespflegeperson.

Ablauf der Eignungsfeststellung vor der Erteilung der Pflegeerlaubnis:

1. Erstkontakt am Telefon oder persönlich in der Fachberatungsstelle
2. Beratungsgespräch: Informationen zur Kindertagespflege
3. Fragebogen für Kindertagespflegepersonen
4. Hausbesuch und ggf. eine Wiederholung des Hausbesuches
5. Entscheidung für Kindertagespflege
6. Interessierte/r reicht Bewerbungsunterlagen an die Fachberatung ein
7. Grundqualifizierung zur Kindertagespflegeperson
8. Prüfung der Räume, in denen Kindertagespflege nun stattfinden soll
9. Erteilung der Pflegeerlaubnis

Der erste Hausbesuch bei einer Kindertagespflegeperson sollte deshalb vor der Grundqualifizierung zur Kindertagespflege stattfinden, damit nicht durch die Wohnungssituation der Kindertagespflegeperson bereits eine Nichteignung festgestellt wird. In einem solchen ersten Besuch steht die Wohnungssituation und die familäre Situation der Kindertagespflegeperson im Vordergrund. Ist die Wohnung kindgerecht, groß genug und bietet sie Gelegenheit zum Ausruhen, Spielen und Rückzugsmöglichkeiten? Wie sieht es mit der Sicherheit und der Hygiene in der zukünftigen Kindertagespflegestelle aus und wer hat alles Zugang zu der Wohnung und hält sich während der Kindertagespflegezeiten zeitweise oder länger dort auf?

In der Checkliste vom Bundesministerium für Familie, Senioren, Jugend und Frauen finden Sie im Handbuch Kindertagespflege noch mehr Fragen, die auch für weitere Besuche wichtig sind, wenn die Eignung während des Ausübens der Kindertagespflege überprüft wird.

Checkliste: Was Sie beim Hausbesuch beachten sollten:

In dieser Checkliste finden Sie einige wichtige Dinge, auf die Sie bei dem Besuch bei der Tagesmutter achten sollten. Lesen Sie diese Liste vor Ihrem Besuch gründlich durch und nutzen Sie sie als Entscheidungshilfe. Schauen Sie die Liste nach dem Besuch noch einmal an und überlegen Sie sich, welche der genannten Kriterien auf die eben besuchte Tagesmutter zutreffen.

Hinweis: In dieser Checkliste werden die einzelnen Merkmale nicht bewertet, da die Erwartungen von Eltern an eine Tagesmutter sehr unterschiedlich sind.

Vereinbarung des Besuches

Ideal ist es, wenn bei dem Treffen auch die Tageskinder und/oder die eigenen Kinder der Tagesmutter anwesend sind. So erleben Sie direkt, wie diese mit den Kindern umgeht und wie die Stimmung ist. Vermeiden Sie allerdings betriebsame Zeiten wie die Mittagszeit oder die Bring- und Abholphase am Morgen und am Nachmittag.

Beim Hausbesuch

Wohnsituation der Tagesmutter
- Ist die Wohnung geräumig, hell und freundlich?
- Welche Zimmer sind für die Tageskinder zugänglich und nutzbar?
- Sind die Zimmer kindgerecht eingerichtet: gibt es genug Platz zum Spielen, keine empfindlichen Gegenstände, die schmutzig werden oder kaputt gehen können?
- Wie denkt die Tagesmutter über Sauberkeit und Ordnung und wie harmoniert dies mit Ihren eigenen Vorstellungen?
- Ist die Wohnung kindersicher, oder ist die Tagesmutter bereit, sie kindersicher umzugestalten?
- Gibt es einen separaten Raum, wo die Kinder schlafen können?
- Ist altersgerechtes, vielfältiges Spielmaterial vorhanden?
- Gibt es einen Garten, Spielplätze oder Grünanlagen in der Nähe?
- Wie ist der Umgang mit den Kindern?
- Zeigt die Tagesmutter Interesse an den Kindern, hört sie ihnen zu und geht sie auf die Kinder ein?
- Wirkt sie gelassen oder gestresst?
- Welchen Erziehungsstil hat die Tagesmutter? Setzt sie Grenzen und Richtlinien? – Persönlichkeit der Tagesmutter/Verhalten Ihnen gegenüber –
- Ist sie ruhig oder lebhaft?
- Wie ist ihre äußere Erscheinung: ungepflegt, gepflegt oder übertrieben gestylt?
- Ist sie offen und freundlich oder wirkt sie abweisend oder gehemmt?

- Hat sie sich auf den Hausbesuch vorbereitet (aufgeräumt, Kaffee gekocht, oder andere Vorbereitungen gemacht)?
- Wie reagiert sie auf Fragen von Ihnen?
- Kann sie zuhören? Das Wichtigste: Wie fühlen Sie sich?
- Konnten Sie gut und offen mit der Tagesmutter reden?
- Fanden Sie die Atmosphäre in der Wohnung angenehm?
- Denken Sie, dass Sie zu dieser Person eine vertrauensvolle Beziehung aufbauen können?
- Glauben Sie, dass sich ihr Kind bei der Tagesmutter wohl fühlen wird?

Je nach der im Hausbesuch vorgefundenen Situation, kann es noch zu einem zweiten Hausbesuch vor der Grundqualifizierung kommen, wenn die Wohnung beispielsweise nicht kindgerecht war, jedoch das Potenzial besaß es zu werden. Ist die Grundqualifizierung abgeschlossen, steht ein weiterer Hausbesuch an, damit die aktuelle familiäre Situation und die der Wohnung vor der Erteilung der Pflegeerlaubnis eingesehen werden kann. Danach sollten regelmäßige Hausbesuche miteinander abgesprochen werden, damit zum einen Veränderungen in der familiären und Wohnungssituation bekannt sind und zum anderen der Bedarf nach Unterstützung vor Ort gesehen und erfüllt wird.

Hausbesuche haben während der Ausübung der Kindertagespflege auch einen begleitenden Charakter. Haben Kindertagespflegepersonen oder/und Eltern ein Problem mit der Art der Ausübung der Kindertagespflege oder mit fachlichen oder organisatorischen Aufgaben, dann ist der Hausbesuch eine unterstützende Leistung, durch den die Situation in der Kindertagespflege noch einmal von einer unabhängigen Person betrachtet werden sollte. Hier ist viel Fingerspitzengefühl und moderative Fähigkeit nötig, damit sich die Kindertagespflegeperson unterstützt und nicht angeprangert fühlt.

Hausbesuche allein oder zu zweit?

Hausbesuche gehören zu einem Kernarbeitsprozess in der Fachberatung für Kindertagespflege. Oft wird das durch die umfangreiche verwaltende Tätigkeit in einer Fachberatungsstelle übersehen. Im Hausbesuch treffen beratende und begleitende Elemente aufeinander. Diese sollten unbedingt getrennt betrachtet und beurteilt werden, da der Hausbesuch ansonsten zu einem reinen Kontrollinstrument wird. Gerade Vertreter des Jugendamtes können von vielen Situationen unliebsamer Auftritte erzählen, weil sie in ihrer Funktion als Ordnungshüter leicht missverstanden werden können. Die Kindertagespflegeperson kann sie dann als reine Kontroll- und gar nicht mehr als Unterstützungsinstanz wahrnehmen. Aus diesem Grunde ist es sehr hilfreich die Aufgaben: Beratung und Begleitung bei verschiedenen Hausbesuchen durchzuführen und wenn es personell möglich ist, diese Aufgaben auch mit verschiedenen Personen zu besetzen. Eine vertrauensvolle Ansprache und eine kontrollierende Haltung sind schwer gleichzeitig anzuwenden. Zum Wohle des Kindes ist beides erforderlich. Eine Kindertagespflegeperson kann sich offen und transparent mit all ihrem Können und ihren Problemen zeigen, wenn sie nicht fürchten muss, dass ihr daraus der unmittelbare Entzug der Pflegeerlaubnis erwächst. Beratungsstellen des öffentlichen und freien Trägers, die hier verschiedene Funktionen übernehmen, miteinander aber auch gut vernetzt sind, können diese Spanne zwischen Beratung und Begleitung genauso gut hinbekommen wie Fachberatungsstellen, die sich der Unterschiede dieser beiden Aufgaben bewusst sind.

Ist eine Person in der Fachberatung für beide Aufgaben zuständig, ist ein sehr klares Rollenverständnis und das bewusste Wechseln von einer Rolle in die andere nötig. Durch verschiedene nach Aufgaben unterteilte Hausbesuche, ein übersichtliches Protokollsystem, welches die verschiedenen Aufgaben widerspiegelt und regelmäßige Supervision kann eine solche komplexe Aufgabe bewältigt werden. Leichter und für beide Beteiligten angenehmer ist es, wenn sich zwei Kollegen/Kolleginnen die Aufgaben teilen und bei ihren Absprachen ihre Eindrücke so zusammentragen, dass das Bild einer Kindertagespflegeperson vervollständigt werden kann, ohne dass das Vertrauen der Kindertagespflegeperson missbraucht oder die gegenseitige Wertschätzung verloren geht.

Protokolle bekommen hier eine ganz andere Funktion. Protokolle dienen als Dokumentation des Leistungserbringers der Jugendhilfe – dem öffentlichen oder freien Träger –, durch die er seiner Aufsichtspflicht nachkommt. Sie haben darüber hinaus die Funktion Kollegen/Kolleginnen verständlich und übersichtlich zu informieren, weshalb sie aussagekräftig, beschreibend und für die weiteren Arbeitsschritte unterstützend sein sollen.

Die Supervison eines solchen Teams wird ganz anders aussehen als das einer einzelnen Person, die beide Aufgabenbereiche allein bewältigen muss. In einer solchen Supervison wird neben dem genauen Anschauen der Vorgehensweise im Team auch das jeweilige Rollenverständnis betrachtet, inwieweit es zu der zugeordneten Aufgabe passt und hilfreich für alle Beteiligten ist.

Werden die Aufgaben Beratung und Begleitung durch verschiedene Träger umgesetzt, ist ein ausgeklügeltes und schnell Übersicht schaffendes Protokollsystem genauso wichtig wie regelmäßige Treffen, in denen die Aufgaben, das Rollenverständnis, die Zuständigkeiten und nötige Konsequenzen geklärt und besprochen werden. Hier helfen gemeinsame Fachtagungen oder Fort- und Weiterbildungen das nötige Verständnis für die gemeinsame fachliche Arbeit qualitativ gut zu entwickeln. Die Absprachen untereinander sind meist durch die lokalen Bedingungen nicht so direkt und schnell möglich wie unter Kollegen/Kolleginnen, die in einem Haus oder sogar Büro sitzen. Die Informationswege müssen in dieser Art der Aufgabenverteilung noch deutlicher benannt und für alle verständlich beschrieben werden. Übersichten, in denen Zuständigkeiten, Entscheidungsfunktionen und Verantwortlichkeiten dargestellt sind, kommt eine große Bedeutung zu, damit jeder der Beteiligten zu jeder Zeit weiß, wer wie und wann für was zuständig und verantwortlich ist und wer wann was entscheiden kann.

Hausbesuche sind eine sehr wichtige Kernaufgabe in der Fachberatung, weil hier die Informationen aus der Beratung in die Praxis und von der Praxis in die Beratung fließen und damit einen unmittelbaren Multiplikationseffekt haben. Wer sich in seiner Funktion als Fachberater/-in eher als Unterstützer/-in als Kontrolleur/-in versteht, wird sowohl die Rollen zwischen Beratung und Begleitung leichter wechseln können als auch sich durch seine Aufgabe herausgefordert fühlen und sich an ihr qualitativ gut weiterentwickeln.

4.4 Qualifizierung

Ein erstes Grundverständnis, was eine Kindertagespflegeperson für ihre Tätigkeit wissen muss, um fachlich ausgerichtet, bewusst und nicht zufällig zu handeln, bilden die 160 Unterrichtsstunden, die nach dem Curriculum des Deutschen Jugendinstitutes bundesweit vermittelt werden.

Diese Grundqualifizierung zeichnet sich durch einen starken Praxisbezug aus. In einem pädagogisch-psychologischen Arbeitsfeld wie dem der Kindertagespflege spielt die Gestaltung von Beziehung und Interaktion eine zentrale Rolle. Diese zu betrachten und in Rollenspielen auszuprobieren gehört zu der Erlangung der personalen Kompetenz einer Kindertagespflegeperson und können in der direkten Begegnung und im lebendigen Miteinander der Qualifizierungsgruppe erprobt werden. Solche Lernprozesse benötigen Zeit und entfalten durch die Wiederholung ihre Wirkung. Die Grundqualifizierung in der Kindertagespflege ist deshalb von Praxisnähe, Reflexion des fachlichen Handelns, Arbeit in kleinen Gruppen und persönlichem Austausch geprägt. Sie greift bereits neue Erkenntnisse des menschen- und gehirngerechten Lernens auf, um die Motivation der einzelnen Person im Lernprozess zu erhalten, zu fördern und für das Lernen zu nutzen.

Wer diesen Grundgedanken des Lernens versteht und die Inhalte des DJI-Curriculum so vermittelt, befindet sich auf einem innovativen und erfolgreichen Lernweg, der Lernen für alle Beteiligten zu einer neuen positiven Erfahrung werden lässt.

Durch die in 2008 stattgefundene Überarbeitung des DJI-Curriculums sind die neueren Erkenntnisse zum Lernen in der frühen Kindheit, die speziellen Bedürfnissen von Säuglingen und Kleinkindern und die Förderung des Kindes in seiner Entwicklung und seinen Anstrengungen, sich die Welt anzueignen, als Themen hinzugekommen. Reichlich empfohlenes Filmmaterial soll dazu beitragen, die Aufmerksamkeit zu schulen, für Bildungsprozesse und Beziehungsaspekte im Alltag zu sensibilisieren und außerhalb des Kurses selbstständig Fragen nachzugehen.

<table>
<tr><td>30 U-Std. Tagespflege – aus Sicht der Tagesmutter
– aus Sicht der Kinder
– aus Sicht der Eltern
– Zwischenbilanz und Praxishospitation</td><td>Einführungsphase</td></tr>
<tr><td>79 U-Std. Förderung von Kindern</td><td rowspan="4">Vertiefungsphase
praxisbegleitend</td></tr>
<tr><td>27 U-Std. Kooperation und Kommunikation
(Eltern-Tagesmutter)</td></tr>
<tr><td>15 U-Std. Arbeitsgrundlagen der Tagesmutter</td></tr>
<tr><td>9 U-Std. Reflexion</td></tr>
</table>

Aufbau des Kindertagespflege-Curriculums: 160 Unterrichtseinheiten

Um das komplexe Themenspektrum der Kindertagespflege ausreichend zu behandeln und der Kindertagespflege eine Ausrichtung an beruflichen Standards zu ermöglichen, ist eine längere Qualifizierung nötig, weshalb es 2013 eine weitere Überarbeitung des Curriculums geben wird. In fünf Phasen werden Experten aus Wissenschaft und Praxis dazu beitragen, dass ein Kompetenzprofil für die Kindertagespflege und ein Gesamtkonzept für ein kompetenzorientiertes Qualifizierungshandbuch mit einem Schwerpunkt im Bereich der unter Dreijährigen erarbeitet wird. Grundlage für das Kompetenzprofil ist das Kompetenzverständnis der Weiterbildungsinitiative Frühpädagogische Fachkräfte (WiFF) für frühpädagogische Fachkräfte an Berufsfachschulen und Fachschulen.

Für eine aufbauende Qualifizierung in der Kindertagespflege sind folgende Themen zu vertiefen, zu aktualisieren oder ganz neu aufzugreifen:

- Kindeswohl und Kindeswohlgefährdung
- Nahrungsmittellagerung und -verarbeitung
- Resillience – Widerstandskräfte fördern
- Entspannungstechniken für Kinder und Kindertagespflegepersonen
- Feinfühligkeit und wahrnehmende Aufmerksamkeit
- Beobachtung und Dokumentation
- Sprachförderung von Anfang an
- Fremdsprachen in der Kindertagespflege
- Förderung im MINT-Bereich (Mathematik, Informatik, Naturwissenschaften, Technik)
- Wirtschaftsplan für Kindertagespflegepersonen
- Beschäftigungsformen in der Kindertagespflege
- Vertretungssystem in der Kindertagespflege
- Konzeptentwicklung am PC
- Integrative Kindertagespflege – Formen der Behinderung
- Sprachbegleitung der Kindertagespflegeperson zum Sprachniveau B1
- Nutzung multikultureller Chancen
- Praktikumsbegleitung in der Kindertagespflege
- Kindertagespflege im Haushalt des Kindes

Zu mehreren dieser Themen gibt es bereits Qualifizierungsmodule. Zu den öffentlich verfügbaren finden Sie entsprechende Hinweise in der Literaturliste. Zu den Modulen, die mit Nutzungsrechten verbunden sind, finden Sie im Anhang eine Kontaktadresse.

Das Curriculum des Deutschen Jugendinstitutes ist nicht auf Kindertagespflegepersonen ausgerichtet, welche die Kindertagespflege im Haushalt der Personensorgeberechtigten oder in angemieteten Räumen ausüben. Das führt in der Grundqualifizierung zu einigem Unverständnis der zukünftigen Kindertagespflegepersonen in Bezug auf die rechtlichen, versicherungstechnischen und personalpolitischen Themen innerhalb des Kurses. Es fehlen die Themen:

- Arbeiten in einem Anstellungsverhältnis
- Recht, Versicherung und Arbeitsplatz in der Anstellung
- Kooperationen und Rechte in der Großtagespflegestelle
- Bauvorschriften für angemietete Räume

Auch hier gibt es einige Module, die bereits in Aus- und Weiterbildung der Kindertagespflege eingesetzt werden. Nähere Informationen dazu können Sie unter der oben erwähnten Kontaktadresse im Anhang bekommen.

Für die Praxis bietet sich an, dass diese spezifischen Themen parallel zur Grundqualifizierung für Personen, die im Anstellungsverhältnis, in einer Kooperation oder allein in angemieteten Räumen arbeiten wollen, als separate Module angeboten werden.

Die Qualifizierung gehört aus Sicht der Fachberatung zur Eignungsfeststellung und sollte deshalb von einem Bildungsträger durchgeführt werden, der diese spezielle Situation zwischen Eignungsfeststellung und praxistauglicher Qualifizierung kennt und versteht. Wenn Sie die Grundqualifizierung für Kindertagespflege als Träger nicht selber ausführen ist eine enge und gute Absprache mit dem beauftragten Bildungsträger notwendig. Eine formelle Qualitätsbescheinigung einer Bildungseinrichtung reicht nicht aus, um Themen wie Haltung, Empathie, Wertschätzung und Bildungsförderung nachhaltig in der Qualifizierung zu vermitteln. Ein gelebtes Leitbild des mit der Qualifizierung beauftragten Bildungsträgers und seine nachweislichen Erfolge im nachhaltigen Vernetzen und Weiterentwickeln von Themen mit unterschiedlichen Personenkreisen sind unbedingt mit zu beachten. Wissenschaftliche Erkenntnisse über die Entwicklung von Kleinstkindern müssen so dargestellt werden, dass sie von einer sehr heterogenen Fachgruppe gut verstanden und umgesetzt werden können. Dazu ist es erforderlich, dass allen praktischen Beispielen und Übungen ein gemeinsames Verständnis von Betreuen, Erziehen und Bilden im U3-Bereich zugrunde liegt.

Den Referenten einer Qualifizierungsmaßnahme müssen die personalen Eigenschaften, die sich eine zukünftige Kindertagespflegeperson aneignen oder bei sich weiterentwickeln soll, nicht nur theoretisch vertraut sein, sondern auch praktisch teilnehmerbezogen vermittelt werden können. Für die Auswahl der Referenten sollte es deshalb so etwas wie einen Mindeststandard geben. In der folgenden Tabelle können Sie sehen, was bei der Auswahl eines Referenten unbedingt erforderlich und was wünschenswert ist.

	Formale Qualifikationen	**Persönlichkeitsmerkmale**	**Praxiserfahrung**
Erforderlich	• Soziale, pädagogische oder therapeutische Ausbildung mit Erfahrung in der Erwachsenenbildung.	• Selbstbewusstsein • Pos. Grundhaltung, (Wertschätzung, Gelassenheit, Begeisterungsfähigkeit) • Glaubwürdigkeit/Authentizität • Selbstreflexion auch in Bezug auf – Nähe/Distanz – Fähigkeit selbstkritisch auf das eigene Tun zu schauen • Fähigkeit zur Bindung, Beziehung, Empathie und Vernetzung • Fähigkeit strukturiert, organisiert und flexibel zu arbeiten • Verantwortungsbewusstsein	• Fach-, themenbezogene Praxiserfahrung für den Bereich des Referenteneinsatzes. • Abhängig von individueller Lebenserfahrung
	Alternativ: Mindestens Realschulabschluss plus Nachweis von Zertifikaten • Fortbildungen im Bereich der Erwachsenenbildung mit Praxisanteilen • ähnlicher Berufspraxis		
Wünschenswert	• Erfahrung und Praxis in der Fachberatung der Kindertagespflege		• Methodische und didaktische Vielfalt

Anforderungen an Referenten in der Kindertagespflege

Da die Struktur in der Kindertagespflege historisch gewachsen ist, gibt es eine Menge unterschiedlicher Personen, die in der Kindertagespflege als Referenten arbeiten und häufig eher die Persönlichkeitsmerkmale und Praxiserfahrung als die formale Qualifikation mitbringen.

Der auch für andere Berufsgruppen geltende Bestandsschutz sollte davor schützen gute Referenten aufgrund der fehlenden formalen Bedingungen zu verlieren. Ein beruflicher Qualifizierungsbestandsschutz ermöglicht es, dass bereits mehrjährig in einem Bereich der Kindertagespflege arbeitende Personen dies weiterhin tun und neue berufliche Qualifizierungsanforderungen vorrangig für Neueinsteiger/-innen gelten. Bei der Wahl neuer Referenten sollten neben den formalen Qualifikationskriterien auch die wünschenswerten Kriterien Berücksichtigung finden, so dass möglichst langfristig und kontinuierlich gut ausgebildete und erfahrene Referenten für die Grundqualifizierung in der Kindertagespflege zur Verfügung stehen.

Der Begriff des »lebenslangen Lernens« sollte davon unabhängig für alle an der Kindertagespflege Beteiligten eine wichtige Bedeutung haben und durch praxisorientierte Fort- und Weiterbildung für alle mit Leben gefüllt werden.

Regelmäßige Treffen der Referenten mit Fachkräften der Fachberatung schaffen die Möglichkeit ein Netz unterstützender Kräfte für die Kindertagespflege aufzubauen. Referenten erleben Fachkräfte für Kindertagespflege in der Qualifizierung in einem ganz anderen Kontext als Fachkräfte der Fachberatung diese in ihren Wohnungen oder Räumen, in denen Kindertagespflege stattfindet. Solche Treffen können beim Bildungsträger stattfinden oder im Rahmen einer großen Fachveranstaltung zur Kindertagespflege durch gezielte Fachvorträge für Referenten in der Kindertagespflege. Regelmäßige Treffen der Referenten und Weiter- und Fortbildungen zu aktuellen Themen der frühkindlichen Förderung helfen ein gemeinsames Verständnis für die Kindertagespflege und ihre Aufgabe für den frühkindlichen Bereich zu entwickeln.

Nachqualifizierung und Fort- und Weiterbildung der Kindertagespflegepersonen

Für Neueinsteiger/-innen ist die Grundqualifizierung für Kindertagespflege der Weg über die Eignungsfeststellung in das Arbeitsfeld Kindertagespflege. Durch die gewachsenen Strukturen in der Kindertagespflege haben allerdings nicht alle tätige Kindertagespflegepersonen eine Grundqualifizierung. Das führt in den Kommunen immer wieder zu der Frage, ob diese ungleichen Voraussetzungen fachlich vertretbar sind. Auch hier gibt es, wie für die Referenten, einen Zeitraum des Bestandschutzes, in dem durch Nachqualifizierung, Fort- und Weiterbildung eine Angleichung der fachlichen Voraussetzungen erreicht werden kann. Ob der gleiche Bildungsträger, der die Grundqualifizierung durchführt, auch die Angebote für die Nachqualifizierung und die Fort- und Weiterbildung macht, hängt von den Absprachen zwischen den Trägern einer Kommune und den wirtschaftlichen Möglichkeiten der Träger ab. Werden die Angebote von verschiedenen Trägern gemacht, werden mehr Absprachen unter den Anbietern der Qualifizierungen und den Stellen der Beratung, Vermittlung und Begleitung erforderlich sein, dafür können die Angebote unabhängig voneinander geplant und sehr klientenorientiert umgesetzt werden.

Sind Grundqualifizierung, Nachqualifizierung und Fort- und Weiterbildung aus einer Hand, werden die Absprachen zwischen Beratung, Begleitung, Vermittlung und Qualifizierung leichter, es ergibt sich aber auch eher eine Betriebsblindheit und aus organisatorischen Gründen eine Zusammenlegung von verschiedenen Qualifizierungsgruppen, deren spezielle Bedürfnisse dann leicht übersehen werden. Für Referenten der Nachqualifizierung ist es wichtig, dass sie die Unterschiede zwischen einer Grundqualifizierung und Nachqualifizierung in didaktischer und methodischer Hinsicht gut kennen. Sie haben es mit sehr erfahrenen Teilnehmern/Teilnehmerinnen in der Nachqualifizierung zu tun, die teilweise länger in der Kindertagespflege tätig sind als die Referenten. Der Umgang mit einer solchen Teilnehmergruppe ist sehr vielschichtig und bedarf eines anderen Vorgehens als in einer Grundqualifizierung.

Für die Fort- und Weiterbildung sollten Referenten einen Blick auf neue und aktuell wichtige Themen haben, mitbekommen, wohin sich die Kindertagespflege entwickelt, und Kindertagespflegepersonen in der Praxis ihrer fachlichen Arbeit durch passende Angebote unterstützen.

Unabhängig wie die Aufteilung der Qualifizierungsmaßnahmen in einer Kommune sind, bleibt es wichtig, dass sich alle in einer Kommune beteiligten Akteure in der Kindertagespflege kennen und die Möglichkeit zur eigenständigen Vernetzung und zu gegenseitiger Unterstützung erhalten.

Absprachen sollten schriftlich festgehalten werden, um eine qualitativ gute Arbeit zwischen Beratung und Qualifizierung zu gewährleisten. Diese Dokumente müssen für jeden, der an den Absprachen beteiligt ist, zugänglich und verständlich sein. Ob Absprachen in Form eines internen oder externen Vertrages festgehalten werden, in dem die Aufgaben und Verantwortlichkeiten geregelt sind, hängt davon ab, wie gut der Ablauf zwischen beratendem und qualifizierendem Arbeiten in der Kindertagespflege funktioniert. Ist die Zusammenarbeit gut, meint man sehr schnell, dass es keines Vertrages bedarf. In einem solchen Fall ist die vertragliche Absprache aber nur eine Formsache, welche die Situation rechtlich absichert und für später Hinzukommende erleichtert. Lässt die Zusammenarbeit zu wünschen übrig, wird auch ein noch so sorgfältig ausgefeilter Vertrag die Situation nicht unbedingt verbessern. Häufig wird sich auf den minimalen Konsens der schriftlichen Übereinkunft zurückgezogen und eine qualitativ gute Entwicklung ist nur schwer oder gar nicht möglich. Die Arbeit an der Haltung, Wertschätzung, Positionierung zur Kindertagespflege und die an der gegenseitigen Unterstützung sind deshalb in Bezug auf Verträge vorrangig. Verträge werden diese Arbeit nicht überflüssig machen.

Interview

Fachberatung im Main-Kinzig-Kreis

Iris Dörr im Gespräch mit der Autorin.

Frau Dörr, Sie arbeiten in der Fachberatung des Main-Kinzig-Kreises, zu dem in etwa 407.000 Einwohner zählen. Wie lange existiert Ihre Fachberatungsstelle für Kindertagespflege?

Seit 2000 gibt es im Main-Kinzig-Kreis Fachberatung für Kindertagespflege auf Kreisebene.

Wie groß ist Ihre Fachberatungsstelle? Wie viele Mitarbeiter haben Sie?

Innerhalb der Zentralstelle für Kinderbetreuung sind für die Kindertagespflege sechs Personen zuständig:

Zwei pädagogische Fachkräfte, eine Sachbearbeiterin im Bereich öffentliche Fördermittel, zwei Verwaltungsfachkräfte für die Bearbeitung der Anträge der Eltern und der Kindertagespflegepersonen, sowie eine Mitarbeiterin für die Geschäftsstelle.

Wie viele aktive Betreuungsverhältnisse werden denn durch die Fachberatung betreut?

Die Fachberatung ist zurzeit für 473 Kindertagespflege-Plätze zuständig.

Gelingt der geplante Ausbau der Betreuungsverhältnisse in Ihrer Kommune?

Bei uns sind alle Uhren auf Ausbau gestellt: Von der Personalaufstockung über qualitativ gute Unterstützung der Kindertagespflegepersonen bis hin zur Erweiterung des Betreuungsangebotes in der Kindertagespflege im Allgemeinen.

Das Hessische Sozialministerium hat mit Unterstützung der Karl-Kübel-Stiftung und dem Hessischen Tagespflegebüro eine landesweite Wanderausstellung mit dem Titel »Bildungsort Kindertagespflege: Von Anfang an familiär, verlässlich, professionell – Tagesmütter und Tagesväter gestalten Zukunft« organisiert.

Mit 15 verschiedenen Plakatmotiven werden die besonderen Merkmale der Betreuungsform Kindertagespflege aufgezeigt und als ein qualitativ hochwertiges, flexibles, vielfältiges und familiennahes Betreuungsangebot hervorgehoben. Das ist natürlich eine öffentlichkeitswirksame und somit flächendeckende Maßnahme.

Innerhalb unseres Landkreises existieren zwei Neuerungen, die Kindertagespflegepersonen die Arbeit in der Selbstständigkeit erleichtern sollen.

Zum einen haben wir gemeinsam mit einem Wirtschaftspaten eine Fortbildung entwickelt, in der die Erstellung eines Wirtschaftsplanes für Kindertagespflegepersonen vermittelt werden soll. Die Teilnehmer/-innen erhalten sämtliche Unterlagen auf einem USB-Stick, so dass wir hier nicht nur technisch innovativ, sondern sogar auch ökologisch nachhaltig agieren.

Uns ist die Konzeptarbeit mit Kindertagespflegepersonen sehr wichtig. Bis 2013 soll jede tätige Kindertagespflegeperson über ein wirtschaftliches und ein pädagogisches Konzept verfügen.

Zum anderen haben wir als zweite Neuerung eine Art »Laufheft« eingeführt, in dem alle Ansprechpartner für die Kindertagespflege innerhalb unseres Kreises aufgeführt sind und die Kindertagespflegepersonen alle Nachweise im Rahmen ihrer Qualifizierung festhalten können. Das ist sowohl für unsere Fachberatungsstelle als auch für die Kindertagespflegepersonen sehr hilfreich.

Beide Seiten erhalten auf diese Weise einen guten Überblick und Sicherheit, wodurch viele Beratungsfragen beantwortet werden. Im Zuge dieser Neuerungen kommt den Tagespflegepersonen auch eine höhere Wertschätzung ihrer Arbeit zuteil.

Wenn durch solche Unterstützungsmaßnahmen die Zahl der Kindertagespflegepersonen wächst, ist es dann auch geplant, Ihre Fachberatungsstelle auszubauen?

Das klare Ziel der Politik im Main-Kinzig-Kreis ist es, ein bedarfsgerechtes Betreuungsangebot vorzuhalten. Zu gegebener Zeit und unter entsprechenden Umständen wird das sicherlich ins Auge gefasst.

Könnten Sie kurz die Aufgaben und die Struktur Ihrer Fachberatungsstelle darstellen?

Wir koordinieren und bedienen die vier Aufgabenbereiche Fachberatung, Fachvermittlung, Fachbegleitung und Qualifizierung für den Main-Kinzig-Kreis und koordinieren die Arbeit in den jeweiligen Kommunen.

Welche Aufgaben der Fachberatung bearbeiten sie selber?

Ich arbeite in allen Aufgabenbereichen, außer in der Erteilung der ersten Pflegeerlaubnis. Diese bereite ich mit vor, stelle sie allerdings nicht selber aus, da ich aufgrund der Grundqualifizierung zu nah an den Tagespflegepersonen »dran« bin.

Gibt es eine Stellenbeschreibung für Ihre Arbeit?

Daran arbeiten wir gerade. Es bewegt sich aber momentan sehr viel, sodass wir wegen der vielen Änderungen und Innovationen sehr stark in die konzeptionelle Praxisarbeit eingebunden sind. Die Aufgaben werden sich enorm ändern, wenn die Neuerungen eingeführt und die neuen Prozesse festgelegt sind.

Neuerungen bedürfen eben immer einer gewissen Erprobungs- und Optimierungszeit, wodurch Arbeitsprozesse selber in einem Prozess sind. Das ist sicher in Bezug auf Kooperationspartner nicht immer leicht. Wie und wo gibt es Absprachen zwischen den Kooperationspartnern?

In den 28 Kommunen vor Ort haben wir 18 Projektleiter/-innen, die sich 6–8 Mal im Jahr zusammenfinden, um Absprachen für die Kindertagespflege zu treffen. Sie sind an diesen Prozessen beteiligt und können den Prozess voranbringen und qualitativ gut gestalten.

Machen Sie eine regelmäßige Zufriedenheitsabfrage bei den Nutzern der Fachberatungsstelle?

Nein.

Gibt es ein Qualitätsverfahren, nach dem Sie arbeiten?

Versuchsweise ja; das konsequente Anwenden scheitert an der sehr heterogenen Struktur eines Kreises.

Was brauchen Sie, um Ihren gesetzlichen Auftrag noch besser zu erfüllen?

Zeit. Der Tag müsste 48 Stunden haben. Wir planen gerade sehr viele Änderungen, um unser Netzwerk für die Kindertagespflege optimal zu nutzen und ein System gegenseitiger Unterstützung zu entwickeln.

Gibt es Aufgaben, die Sie in Zukunft auslagern wollen?

Projektleiter/-innen könnten vor Ort einen Teil abfangen, da alle Kommunen jeweils andere Bedingungen und Zuständigkeiten vorweisen. Der fachliche Ausbildungsstand der Zuständigen vor Ort ist sehr unterschiedlich, so dass zentral gesetzte Standards schwer einheitlich umsetzbar sind. Hier braucht es mehr gut ausgebildete Fachkräfte, die einen solchen Prozess unterstützen. Wir brauchen erst einmal genauere und verbindlichere Absprachen, bevor man an Auslagerung von Aufgaben denken kann.

Was wünschen Sie sich für eine qualitativ gute Fachberatung?

Eine Landesberatungsstelle, die fachliches Grundlagenmaterial für die fachliche Beratung, Vermittlung, Begleitung und Qualifizierung der Kindertagespflege zur Verfügung stellt.

»Es bedarf eines ganzen Dorfes, um ein Kind zu erziehen«

Die Geeignetheit der Kindertagespflegeperson wird in allen vier Bereichen: Beratung, Vermittlung, Begleitung und Qualifizierung ermittelt. Sollten Bereiche davon nicht vom öffentlichen Träger ausgeführt werden, ist es umso wichtiger eine transparente Struktur aller in der Kindertagespflege Tätigen aufzubauen. Der öffentliche Träger kann idealerweise die Funktion der Projektleitung innehaben, die den Gesamtprozess plant, moderiert und absichert.

Während die Beratung in der Kindertagespflege sich um den gut informierten Einstieg in das Thema beschäftigt, wird in der Vermittlung daraufhin gearbeitet, dass die passende Personensorgeberechtigten und Kindertagespflegepersonen zusammen finden. In der Begleitung wird Problemen im Alltag der Kindertagespflege präventiv entgegengewirkt und bestehende Probleme lösungsorientiert aufgearbeitet. Die Qualifizierung dient zur ersten Grundausbildung der Kindertagespflegeperson, dem aus den Alltagsproblemen entstandenen Fortbildungsbedarf und der beruflichen Weiterbildung der Kindertagespflegeperson. Alle vier Bereiche oder auch Säulen der Fachberatung sind miteinander verzahnt und sollten von allen Beteiligten in gemeinsamer Absprache gestaltet werden. Transparenz macht solche Absprache für alle leichter. Die Erarbeitung eines Konzeptes, in dem alle Elemente der Fachberatung dargestellt, Zuständigkeiten aufgezeigt werden und der Förderauftrag formuliert wird, schafft Transparenz, Beteiligung, Verständnis für die Abläufe, eine Vernetzung, die trägt und ein gemeinsames »Dorf, um ein Kind zu erziehen«.

5. Berufliche Anforderungen an Fachberatungskräfte

Fachberatung in der Kindertagespflege ist ein komplexer Arbeitsbereich, der auch formale Kriterien, Praxiserfahrung und Persönlichkeitsmerkmale bei der Besetzung einer Fachberatungsstelle erforderlich macht.

Anforderungsprofil für Fachberater/-innen in der Kindertagespflege:
- eine sozialpädagogische oder vergleichbare Ausbildung,
- eine mehrjährige Praxiserfahrung im sozialpädagogischen Bereich, idealerweise im Bereich der Kindertagespflege,
- gute Kenntnisse des Arbeitsfeldes Kindertagespflege,
- eine am Kindeswohl orientierte Einstellung zur Betreuung, Erziehung und Bildung,
- ein humanistisches Menschenbild und ein zeitgemäßes Bildungsverständnis für den frühkindlichen Bereich,
- eine wohlwollende und wertschätzende persönliche Einstellung und Positionierung zur Kindertagespflege,
- die Fähigkeit fachrelevante Informationen zu recherchieren, aufzubereiten und klientenbezogen zu vermitteln,
- Kontaktfähigkeit und Interesse mit Menschen in gleichwertig zwischenmenschlichen Beziehungen umzugehen,
- Kreativität und Engagement,
- Bereitschaft zur Einhaltung der Grundsätze von Transparenz und Nichtdiskriminierung,
- Kompetenzen in personaler Kommunikation,
- Sensibilität für die Besonderheiten des erweiterten Familiensystems Kindertagespflege,
- Fähigkeiten und Kenntnisse in der Einzel- und Gruppenberatung,
- Kooperationsbereitschaft, Teamfähigkeit und Bereitschaft neue Lösungen zu finden,
- Fähigkeit zur Selbstreflexion und Bereitschaft zur Supervision,
- Bereitschaft zur fachlichen Fort- und Weiterbildung,
- kontinuierliche berufsbegleitende Fortbildungen bei anerkannten Fortbildungsträgern.

Fachberatung ist eine eigenständige Aufgabe. Bei Aufnahme der Tätigkeit ist eine klare Stellenbeschreibung seitens des Anstellungsträgers notwendig. Diese sollte die Aufgaben der Fachberaterin regeln und Klarheit über Kompetenzen und Zuständigkeiten schaffen. Da die Ausübung von Fachberatung und Dienst- und Fachaufsicht in einer Person oft zu Konflikten führt, sollte die Trennung dieser Aufgabenbereiche angestrebt werden.

Die *Stellenbeschreibung* ist die verbindliche, schriftliche personenunabhängige Eingliederung der Stelle in der Organisation und legt Folgendes fest:

- Ziele,
- Aufgaben,
- Hierarchische Einordnung,
- Beziehung zu anderen Stellen,
- Grundlage für ein Arbeitszeugnis,
- Grundlage für die Ermittlung der konkreten Eingruppierung.

Dies ist der entscheidende Unterschied zu einer Arbeitsplatzbeschreibung, die eine Aufzählung der Aufgaben enthält. Die Stellenbeschreibung geht über die Tätigkeiten/Aufgaben hinaus, indem auch die Beziehungen zu anderen Stellen dargestellt werden.

Viele Träger haben keine klaren Vorstellungen vom Auftrag der Fachberatung, vernachlässigen Arbeitsplatzbeschreibungen und positionieren sich nicht eindeutig zum Thema Kindertagespflege in ihrer Fachberatung. Dadurch ist die tägliche Arbeit eher durch ein Reagieren als durch ein Agieren und vorausschauendes Planen geprägt. Es kommt zu fehlender Transparenz, weil jede Beratungssituation neu und nicht planbar wird. Das führt leicht dazu, dass Fachberatung eine Allzuständigkeit zu haben scheint und Schwerpunktbildung, strukturiertes Arbeiten und Nachhaltigkeit in der Fachberatung verhindert werden.

Die Arbeitsplatzbeschreibung dient der organisatorischen Umsetzung der Ziele und Aufgaben im Arbeitsalltag.

Die *Arbeitsplatzbeschreibung* dient zur Feststellung der an einem Arbeitsplatz wahrzunehmenden Tätigkeiten und der damit in Verbindung stehenden Befugnisse sowie zur Bewertung dieses Arbeitsplatzes. Außerdem dient sie zur Erstellung von Aufgabenkatalogen und -gliederungen innerhalb eines Betriebes und definiert die Organisation und Geschäftsverteilung.

Ein/e Fachberater/-in muss Fachwissen und praktische Fähigkeiten in den Bereichen ihrer Beratungstätigkeit besitzen, d. h. sie muss sich Kenntnisse im Bereich der Pädagogik, Psychologie, Jugendhilfe, Beratung und Betriebsorganisation aneignen und muss diese Kenntnisse auch anwenden können. Insbesondere braucht sie die Kompetenz, Sachverhalte von einer Meta-Ebene aus überblicken und mit den Betroffenen zusammen bearbeiten zu können. Deshalb sollte sie die Fähigkeit zur Selbstreflexion und die Bereitschaft zur Supervision mitbringen. Die Kombination dieser Fähigkeiten wird weder von erfahrenen Erzieher/-innen, noch von Sozialpädagogen/innen mit Hochschulabschluss ohne weiteres erbracht. Neben dem notwendigen Wissen bedarf es der praktischen Erfahrungen bei der Betreuung von Kindern und der Befähigung zum beraterischen Handeln. Da Fachkräfte für Fachberatung mit ganz unterschiedlichen Qualifikationen in das Aufgabenfeld einsteigen, sollte Letzteres durch die Teilnahme an entsprechenden Fort- und Weiterbildungskursen unbedingt erworben werden. Dafür sind meist sehr unterschiedliche Qualifizierungsangebote nötig. Fachberater/-innen müssen Eigeninitiative entwickeln, um sich weiterzubilden, an Fachtagungen und Fortbildungen teilnehmen und sich für den eigenen Lernprozess verantwortlich fühlen.

Lasst uns das tun, was wir anderen raten. (Peter Wenzel)

Fachberatung ist immer eine Leistung für Ratsuchende. Diese möchten eine Antwort auf ihre Fragen oder eine Lösung für ihre Probleme. Erklärungen, warum Sie in der Fachberatung für spezielle Fragen und Probleme nicht zuständig sind, dienen dem Verständnis, warum etwas so ist, helfen dem Ratsuchenden aber nicht bei seiner Suche nach Antworten und Lösungen. Eine Fachberatung für Kindertagespflege sollte deshalb andere Stellen, die sich mit der Kindertagespflege und deren Randthemen wie Rentenversicherung, Steuereinschätzung oder Elternteilzeit beschäftigen, kennen, deren Kontaktdaten nennen können oder Informationen dieser Stellen in Form von Infodateien oder Flyern zur Verfügung stellen. Durch eine klientenbezogene Fachberatung, bei der Sie sich auf die Lösung des Problems oder die Beantwortung der Frage des Ratsuchenden konzentrieren, können Sie zu einem positiven Image der Fachberatung beitragen und sich viel Redezeit für Erklärungen sparen.

Fachberater/-innen brauchen:
Sozialpädagogische Fachausbildung
Praxiserfahrung in der Kindertagespflege
Beratungserfahrung
Einfühlungsvermögen
Lösungsorientiertes Vorgehen
Klientenbezogene Haltung
Psychologische Grundkenntnisse
Konfliktfähigkeit
Bereitschaft zur Selbstreflexion

Da in jeder Fachberatung auch Anfragen von Personen ankommen, die bereits einen langen Suchweg für ihre Fragen und Lösungen hinter sich haben, kommt es immer wieder vor, dass erste Anfragen bei Ihnen in einem genervten oder agressiven Ton vorgebracht werden. Psychologische Grundkenntnisse über das Verhalten von Menschen in Konfliktsituationen, eine eigene Konfliktfähigkeit und die Bereitschaft zur Selbstreflexion sind wichtige Voraussetzungen, um in einer Fachberatung zu bestehen. Unangebrachte Ansprachen sollten nie persönlich genommen werden und können ihre Schärfe verlieren, wenn Sie bei Ihrer beratenden Aufgabe und der Sicht auf eine Lösung des Konfliktes bleiben.

Interview

»Am System anstatt nur im System arbeiten«

Dr. Ilse Wehrmann im Gespräch mit der Autorin.

»Bildung ist die wichtigste Ressource unseres Landes, die es uns ermöglicht, auch in Zukunft wettbewerbsfähig zu bleiben. Bildung beginnt nicht erst mit dem Eintritt in die Schule, sondern von Anfang an: mit der Geburt.« Ilse Wehrmann setzt sich in Ihrem Beratungsunternehmen für diese gesellschaftliche Aufgabe, gute Bedingungen für den frühkindlichen Bereich zu schaffen, ein. Zu dem Thema Fachberatung befragt, ist ihr Folgendes wichtig.

Frau Wehrmann, Sie beraten und begleiten wirtschaftlich geförderte Einrichtungen mit Kindern im Vorschulbereich. Was unterscheidet Ihre Fachberatung von denen der öffentlichen und freien Träger?

In der Wirtschaft sind die Betreiber der Einrichtungen für die Fachberatung zuständig. Wehrmann Education Consulting setzt durch seine Beratungsleistung den Standard und nimmt über die Vertragslage Einfluss auf die qualitativen Standards für die pädagogische Beratung und die Aufbauberatung, damit diese auch stattfinden. Fachberatung hat bei Trägern einen hohen Stellenwert, ist aber ansonsten immer noch ein Stiefkind, welches man als solches nicht wirklich wahrnimmt.

Wie kann ich mir eine solche Einflussnahme vorstellen?

Wenn wir ein pädagogisches Konzept für neue Einrichtungen schreiben, gehört auch eine Aufbauberatung und eine Qualifizierung des Personals der Einrichtung dazu. Was der Betreiber nachher fachlich umsetzt, ist allerdings auch ihm überlassen.

Frau Wehrmann, sie haben bis 2007 als Abteilungsleiterin des Landesverbandes Bremen der evangelischen Tageseinrichtungen für Kinder gearbeitet. Ihnen sind dadurch die Anforderungen an öffentlich geförderten und wirtschaftlichen Fachberatungsstellen bekannt. Was fehlt, um bundesweit unabhängig von der Finanzierungsform ein gemeinsames Verständnis von Fachberatung für den frühkindlichen Bereich zu bekommen und entsprechende Standards für diese Berufsgruppe zu setzen?

Wir kommen nicht zu einer wirklichen Reform und der praktischen Umsetzung der Bildungspläne, weil nicht klar ist, welche Aufgabe Fachberatung wirklich hat. Wir brauchen einen Personalschlüssel, der das Verhältnis Kinder zu Fachberatungskraft und nicht das Verhältnis Einrichtung zu Fachberatung abbildet. Die Fachberatungsprozesse müssen von der Steuerungs- und Aufsichtsfunktion getrennt werden, das ist aus meiner bisherigen Erfahrung sehr wichtig. Die Praxis ist in einigen Bereichen weiter als die Fachberatung, weil diese mit Verwaltungsaufgaben eingedeckt wird und so eine inhaltliche Begleitung der Praxis nicht passieren kann. Pädagogische Beratung müsste als eigenständige Beratungsleistung installiert werden. Meiner Meinung nach wird die Praxis zu sehr alleingelassen. Es gibt keine Vernetzung zwischen Ausbildung und Praxis der Fachberatung. Fachberatung hat zudem in Deutschland keine politische Kultur. Sie hat noch nicht einmal ein einheitliches Berufsbild. Das ist ein deutsches Manko. Bildungspläne lassen sich so nicht umsetzen.

Ein weiterer Aspekt ist, dass vorbeugende Beratung nicht stattfindet. Prävention ist dadurch nicht möglich und Fachberatung kann ihrer eigentlichen Aufgabe der Unterstützung dann nicht nachkommen. Es wird reagiert, wenn das »Kind bereits in den Brunnen gefallen« ist. Dadurch wird Krisen- und Konfliktmanagement betrieben, aber keine pädagogische Unterstützung der Betreuungskräfte, um Krisen und Konflikte bereits im Ansatz zu erkennen und aufzulösen. In solchen Zusammenhängen nach Hilfe zu rufen, hinterlässt einen Eindruck von Unvermögen, wodurch eine Änderung erschwert ist. Es gibt keine Vorstellung einer idealtypischen Fachberatung, an der man sich orientieren könnte.

Was wird Ihrer Meinung nach benötigt, um die Situation insgesamt zu verbessern?

Hauptnotwendigkeiten für die Fachberatung sind:
- Eine Verbindlichkeit in den Aufgaben und Aussagen der Fachberatung muss hergestellt werden.
- Berufsbild und Aufgaben der Fachberatung müssen beschrieben werden und
- die organisatorische, finanzielle und inhaltliche Unterstützung der Fachdienste muss gewährleistet sein.

Da, wo ich beim Ausbau von betrieblichen Einrichtungen verantwortlich bin, fordere ich ein verbindliches Fachberatungskonzept, was von den zu beratenden Auftraggebern so akzeptiert wird.

Wichtig ist auch, wer in den Betreuungseinrichtungen für Teamprozesse zuständig ist und dementsprechend seitens der Fachberatung die Verantwortung für Gruppenprozesse hat, damit gemeinsam Verbesserungen angegangen und umgesetzt werden können.

Das heißt: Hier gibt es noch jede Menge zu tun. Pädagogische Qualität entsteht nicht durch Zufall, sondern durch erfahrene und gut ausgebildete Fachberater/-innen.

Frau Wehrmann, ich bedanke mich ganz herzlich für das Interview. Wenn Sie sich etwas für die Fachberatung zum Schluss wünschen könnten, was wäre das?

Ich wünsche mir, dass nicht nur im System Fachberatung, sondern auch am System gearbeitet wird.

6. Konzepterstellung

Ein Konzept zu erstellen ist nicht immer einfach, erleichtert aber langfristig Ihre Arbeit ganz entscheidend. Konzepte helfen Transparenz für alle Beteiligten herzustellen und verbessern die Selbstreflexion der Arbeit. Ein geschriebenes Wort hat mehr Gewicht als ein gesprochenes. Ein geschriebenes Wort, welches auch noch mit allen Beteiligten abgesprochen ist, bekommt noch mehr Bedeutung.

6.1 Konzepte oder Konzeptionen

Bevor es nun im Folgenden um die Erstellung eines Konzepts geht, sollten die Begriffe Konzept und Konzeption gegeneinander abgegrenzt werden.

Im allgemeinen Sprachgebrauch der Praxis werden diese Begriffe meist synonym verwendet.

Hiltrud von Spiegel nutzt den Begriff Konzept für »veröffentlichte Entwürfe von Handlungsplänen oder Wirkzusammenhängen, die hypothetischen Charakter haben« und grenzt Konzeptionen davon ab, indem sie diese als Bestimmungen/Pläne eher örtlicher und institutioneller Spezifika von Einrichtungen/Projekten der Kinder- und Jugendarbeit versteht. Dadurch wird die Konzeption zur praktischen Umsetzung von Konzepten. Der Landkreis Friesland hat konsequenterweise seine Arbeit des Familien- und Kinderservicebüros in einer Konzeption Kindertagespflege zusammengefasst.

Beispielkonzeption

Landkreis Friesland – Konzeption Kindertagespflege

Die Kindertagespflege ist eingebunden in das Gesamtkonzept »Hand in Hand« im Landkreis Friesland

(Quelle: Landkreis Friesland, Fachbereich Jugend & Familie, Frau C. Papen)

1. Ausgangslage

Eine unverzichtbare Basis der präventiven Kinder- und Jugendhilfe ist die Vernetzung von Tageseinrichtungen für Kinder, Schule und Jugendhilfe, um die Bildungsverläufe von Kindern positiv zu gestalten.

Im frühkindlichen Bereich stellt sich insbesondere die Herausforderung der Verbesserung des Zusammenspiels von Tageseinrichtungen für Kinder und Eltern sowie das Zusammenwirken von Tagespflege und Tageseinrichtungen für Kinder. Aber auch der Übergang der Kinder von den Tageseinrichtungen für Kinder in die Schule ist weiterzuentwickeln. Gleichzeitig ist die Verlässlichkeit eines festen Betreuungs- und Unterstützungsangebotes im Primarbereich sicherzustellen.

Durch eine enge und begleitete Verzahnung der unterschiedlichen Lebenswelten von Kindern erhält das System der präventiven Jugendhilfe Stabilität und Verlässlichkeit, so dass Synergieeffekte eintreten und die bestmögliche Förderung von Kindern erzielt werden kann. Dazu gehört eine Zusammenarbeit mit den unterschiedlichen Akteuren im Bereich der Kinder- und Jugendhilfe.

Im Rahmen der Gesamtkonzeption HAnd in HaND im Landkreis Friesland hat sich der Landkreis Friesland zum Ziel gesetzt, die Frühdiagnostik von Verhaltens- und Entwicklungsauffälligkeiten bei Kindern zu verbessern. Dazu gehört auch die Installierung eines Netzwerksystemes, um die physischen sowie psychischen Armutsfolgen bei Kindern zu erkennen und diesen frühzeitig entgegen zusteuern.

HAnd in HaND im Landkreis Friesland ist ein integriertes Konzept zur Vermeidung von emotionalen und physischen Armutsfolgen bei Kindern gemäß § 8a SGB VIII (Schutzauftrag bei Kindeswohlgefährdung).

Hauptziel ist es, den präventiven Kinderschutz zu stärken, um die Balance zwischen den Anforderungen an das Familiensystem und den vorhandenen Eigenressourcen wiederherzustellen bevor es zu einem Eingriff im Rahmen des gefährdungsbezogenen Kinderschutzes kommen muss. Kinderschutz ist eine Gesamtaufgabe und wird auf der Ebene des örtlichen Jugendhilfeträgers als Netzwerk organisiert.

Die Kindertagespflege ist ein fester Bestandteil der Gesamtkonzeption.

Ein erster Schritt war die Einrichtung von Vermittlungs- und Fachberatungsstellen in Form von Familien- und Kinderservicebüros im Landkreis Friesland als ein koordinierendes Service– und Dienstleistungsangebot für Familien. Die Familien- und Kinderservicebüros stellen durch die Vermittlung von passgenauen und flexiblen Organisations- und Betreuungsformen eine Verbesserung der Vereinbarkeit von Beruf und Familie sicher. Gleichermaßen unterstützen, fördern und steuern sie die frühkindliche Bildung durch den Aufbau eines präventiven Netzwerkes und gewährleisten die Qualifizierung sowie Weiterbildung der in der Kindertagespflege tätigen Personen.

Die pädagogischen Fachkräfte im Familien- und Kinderservicebüro sind einerseits für die Qualifizierung, Erlaubniserteilung, Vermittlung und Fachberatung von Tagespflegepersonen verantwortlich, andererseits setzen die pädagogischen Fachkräfte in enger Kooperation mit Tagespflegepersonen und weiteren Fachakteuren präventive Unterstützungsangebote um.

Zu den Aufgaben des Familien- und Kinderservicebüros gehört die Entwicklung und Pflege von Netzwerken von und für Tagespflegepersonen sowie die Vernetzung mit den weiteren Kinderbetreuungsangeboten im Landkreis Friesland. Hierzu ist ein regelmäßiger Austausch zwischen Tagespflegepersonen und den MitarbeiterInnen der Tageseinrichtungen für Kinder sowie gegebenenfalls schulischen Lehrkräften unabdingbar, der z. B. in Form von gemeinsamen Fortbildungen realisiert wird.

Die Fachkräfte des Familien- und Kinderservicebüros bieten zudem in Krisensituationen lösungsorientierte Vermittlungs- sowie Reflexionsgespräche an. In Fällen von pädagogischen Konfliktlagen wirken die pädagogischen Fachkräfte des Familien- und Kinderservicebüros unterstützend und vernetzend ein.

Im Rahmen der Frühen Hilfen werden über die pädagogischen Fachkräfte der Familien- und Kinderservicebüros Unterstützungsmaßnahmen außerhalb der Jugendhilfe eingesetzt und in Kooperationsverbünden selber durchgeführt.

2. Kindertagespflege als qualifiziertes Angebot der Betreuung für Kinder

2.1. Rechtsgrundlagen

Angebote zur Förderung von Kindern in Kindertagespflege und damit verbunden die Vermittlung von Tagespflegepersonen sowie die Verpflichtung, Betreuungsplätze in Kindertagespflege vorzuhalten, gehören zu den Leistungen der Jugendhilfe gemäß §§ 2 Abs. 2 Nr. 3, 22, 24 Abs. 1 in Verbindung mit § 79 SGB VIII (Sozialgesetzbuch, Achtes Buch – Kinder- und Jugendhilfegesetz).

Nach § 22 Abs. 1 Satz 2 und 4 SGB VIII wird die Kindertagespflege von einer geeigneten Tagespflegeperson in ihrem Haushalt, im Haushalt der Personensorgeberechtigten sowie in anderen dafür geeigneten Räumen geleistet.

Das Gesetz zum qualitätsorientierten und bedarfsgerechten Ausbau der Tagesbetreuung für Kinder (Tagesbetreuungsausbaugesetz – TAG) bietet die Voraussetzung für die stärkere Vernetzung zwischen den Tageseinrichtungen für Kinder und der Kindertagespflege. Das Ziel ist, beide Angebote zu einem Netz zusammenwachsen zu lassen, aus dem die Eltern die für sie und ihr Kind passende Betreuungsform auswählen können.

Kindertagespflege soll – wie die Tageseinrichtungen für Kinder – gemäß § 22 Abs. 2 SGB VIII

- die Entwicklung des Kindes zu einer eigenverantwortlichen und gemeinschaftsfähigen Persönlichkeit fördern,
- die Erziehung und Bildung in der Familie unterstützen und ergänzen und
- den Eltern dabei helfen, Erwerbstätigkeit und Kindererziehung besser miteinander vereinbaren zu können.

Dieser Förderauftrag umfasst – ebenso wie in den Tageseinrichtungen für Kinder – die Bildung, Betreuung und Erziehung des Kindes und bezieht sich auf dessen soziale, emotionale, körperliche und geistige Entwicklung. Er schließt die Vermittlung orientierender Werte und Regeln ein. Die Förderung soll sich am Alter und Entwicklungsstand, den sprachlichen und sonstigen Fähigkeiten, an der Lebenssituation sowie den Interessen und Bedürfnissen des einzelnen Kindes orientieren und seine ethnische Herkunft berücksichtigen (§ 22 Abs. 3 SGB VIII).

Mit dem für Tageseinrichtungen für Kinder und Kindertagespflege gleichermaßen gegebenen einheitlichen Förderauftrag wird die prinzipielle »Gleichrangigkeit« von Kindertagespflege und institutioneller Kindertagesbetreuung gegenüber der früheren Gesetzeslage stärker betont.

Gleichwohl sieht der Gesetzgeber auch Abgrenzungen zwischen den beiden Leistungsbereichen vor.

Nach § 24 Abs. 1 und 2 SGB VIII hat jedes Kind nach Vollendung des dritten Lebensjahres Anspruch auf einen Kindergartenplatz. Darüber hinaus hat ab dem 01.08.2013 jedes Kind nach Vollendung des ersten Lebensjahres einen Anspruch auf einen Betreuungsplatz in einer Kindertageseinrichtung oder in Kindertagespflege. Gleichermaßen besteht die Verpflichtung, ein bedarfsgerechtes Angebot an Plätzen für Kinder im schulpflichtigen Alter vorzuhalten. Der Rechtsanspruch auf einen Kindergartenplatz schließt nicht aus, dass Kinder bei besonderem Bedarf oder ergänzend auch in Kindertagespflege gefördert werden können.

2.2. Abgrenzung der Betreuungsformen und Ausformungen der Kindertagespflege

In der Angebotslandschaft der Kinderbetreuung gibt es institutionelle sowie nicht institutionelle Formen. Die Kindertageseinrichtungen stehen in der Trägerschaft eines Jugendhilfeträgers. Auf der anderen Seite finden wir Betreuungsformen wie Eltern–Kind-Gruppen oder auch die Kindertagespflege.

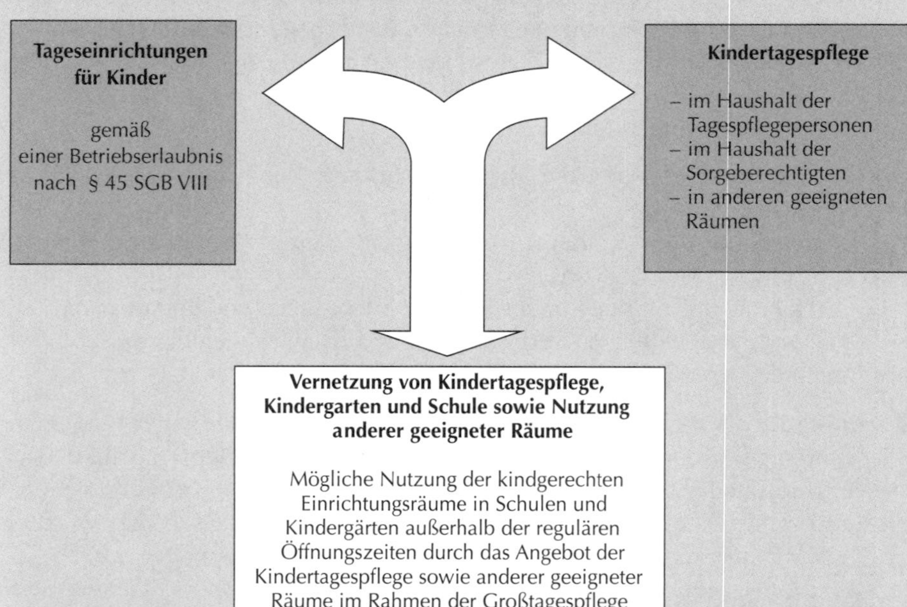

Großtagespflege/Kindertagespflege in anderen geeigneten Räumen § 15 AG KJHG – Landesrecht NiedersachsenKindertagespflege in anderen geeigneten Räumen gültig ab dem 01.01. 2007

(2) Kindertagespflege kann im Haushalt der Tagespflegeperson oder der Personensorgeberechtigten oder in anderen geeigneten Räumen durchgeführt werden.

Werden mehr als acht Kinder von mehreren Tagespflegepersonen in der Zusammenarbeit betreut, so muss mindestens eine Tagespflegeperson eine pädagogische Fachkraft sein.

Ist im Fall der gemeinsamen Nutzung von Räumen durch mehrere Tagespflegepersonen zum Zwecke der Betreuung die vertragliche und persönliche Zuordnung des einzelnen Kindes zu einer bestimmten Tagespflegeperson nicht gewährleistet, so handelt es sich um eine Tageseinrichtung.

In »anderen geeigneten Räumen« bedeutet, dass die Tagespflegebetreuung nicht im familiären Rahmen, sondern in nicht privat genutzten Räumen angeboten wird, wie z. B. Einliegerwohnung, Kindergarten, Schule, Mehrgenerationshaus, Betriebe etc. Bei einem Zusammenschluss von 2 Tagespflegepersonen in privaten Räumen einer Tagespflegeperson gelten die gleichen Bedingungen. Kindertagespflege in Räumen Dritter ist eine Form der Tagesbetreuung für Kinder im Alter von 0 bis einschließlich 13 Jahre.

Die Betreuung erfolgt entweder durch
- eine qualifizierte Tagespflegeperson mit bis zu 5 Kindern, oder
- zwei qualifizierten Tagespflegepersonen mit bis zu 8 Kindern, oder
- einer qualifizierten Tagespflegeperson + einer pädagogischen Fachkraft mit bis zu 10 Kindern.

Es dürfen nicht mehr als 10 Kindern von höchstens (nicht mehr als) drei Tagespflegepersonen betreut werden. Ab dem 9. Tageskind muss eine pädagogische Fachkraft mitbetreuen, diese muss mindestens eine Erzieherin sein und über Berufserfahrung verfügen.

Im Landkreis Friesland werden Großtagespflegestellen auch im Rahmen eines Betreuungsangebots für berufstätige Eltern sowie als Angebot der präventiven Unterstützung (Betreuung und Prävention) genutzt.

2.3. Gesamtrahmen der Ausgestaltung

Kindertagespflege soll gemäß § 24 SGB VIII »bedarfsgerecht« angeboten werden. Dies ist nicht nur als Auftrag zu einem quantitativ ausreichenden Ausbau zu verstehen, sondern meint ebenso die qualitative Eignung der Kindertagespflege für das jeweilige Kind.

Auch wenn im Gesetzestext häufig von »Betreuung« gesprochen wird, muss wegen der Gleichrangigkeit von Tageseinrichtungen für Kinder und Kindertagespflege immer die Trias von Bildungs-, Betreuungs- und Erziehungsleistungen gewährleistet sein.

Eine Kindertagespflege ist dann geeignet, wenn sie in der Lage ist, sich am Alter, dem körperlichen und seelischen Entwicklungsstand, den sprachlichen und sonstigen Fähigkeiten, den Interessen und Bedürfnissen des einzelnen Kindes einschließlich seiner ethnischen Herkunft zu orientieren und angemessen darauf einzugehen. Darüber hinaus muss die Kindertagespflege in Art und Umfang der Betreuung die soziale Situation der Familie angemessen berücksichtigen. Hierzu bedarf es der fachlichen qualifizierten Beratung der Tagespflegepersonen und der Erziehungsberechtigten durch Fachkräfte.

3. Die Familien- und Kinderservicebüros des Landkreises Friesland

Die Familien- und Kinderservicebüros befinden sich derzeit an sechs Standorten im Kreisgebiet (Stadt Jever, Gemeinde Wangerland, Stadt Schortens, Gemeinde Sande, Gemeinde Bockhorn und Stadt Varel).

Friesland – Ein familienfreundlicher Landkreis!

Aus diesem Grund sind die Familien- und Kinderservicebüros eingebunden in unterschiedliche Bereiche der Kinder- und Jugendhilfe. Sie sollen Knotenpunkte in einem neuen Netzwerk für Familien werden und als wichtige Meilensteine auf dem Weg zu einem familienfreundlichen Landkreis wahrgenommen werden. Ein Netz für Familien braucht starke Partner. Daher gibt es enge Kooperationen mit den Städten und Gemeinden, Organisationen der Jugendhilfe, Kindergärten, Schulen, dem Jugendamt, dem Gesundheitsamt und vielen mehr. Die Familien- und Kinderservicebüros haben auch den Auftrag, Eltern bei der Suche nach einem bedarfsgerechten Betreuungsangebot für ihre Kinder zu unterstützen.

Dazu gehört:
- Wie und wo finden die Eltern die richtige Tageseinrichtung im Landkreis Friesland für ihre Kinder
- Welche Möglichkeiten der Betreuung gibt es darüber hinaus in Form der Kindertagespflege
- Wo gibt es eine verlängerte Betreuung in Tageseinrichtungen für Kinder durch Tagespflegepersonen
- Wo gibt es ein adäquates Angebot für Kinder unter drei Jahren durch Tagespflegepersonen
- In welcher Schule gibt es ein Betreuungsangebot für Schulkinder durch Tagespflegepersonen
- Wo gibt es für Kinder und ihre Familien ein Betreuungs- und Unterstützungsangebot im Rahmen der frühen Hilfen durch Tagespflegepersonen

Je nach räumlicher Möglichkeit verfügen die Familien- und Kinderservicebüros des Landkreises Friesland zudem über geeignete Räume für die Betreuung von Kindern unter drei Jahren im Rahmen einer Großtagespflegestelle.

Ziel ist, nicht nur eine bessere Förderung der Kinder zu erreichen, sondern die Familien als Ganzes zu stärken, indem ihnen die Suche nach Kinderbetreuungsmöglichkeiten, Familien- und Erziehungsberatung sowie weiteren Hilfemöglichkeiten erleichtert wird.

Weitere Aufgabenschwerpunkte der Familien- und Kinderservicebüros sind:

- Beratung, Qualifizierung, Vermittlung und Begleitung von Tagespflegepersonen
- Förderung gemeinsamer Aktivitäten von Eltern und Tagespflegepersonen
- Koordination des Netzwerkes »Schnelle Hilfe bei Betreuungsengpässen«
- Öffentlichkeitsarbeit
- Kooperation mit anderen Institutionen – Familienfreundliche Infrastruktur -
- Beratung von Firmen und Betrieben auf dem Weg zu einem bedarfsgerechten Betreuungsangebot zur familienfreundlichen Unterstützung von MitarbeiterInnen
- Nie mehr ratlos – Begrüßung und Beratung von Familien, die in den Landkreis Friesland ziehen
- Unterstützungsangebote im Rahmen der präventiven Kinder- und Jugendhilfe sowie im Rahmen der Familienhilfe

3.1. Die Standorte der Familien- und Kinderservicebüros

Kreisamt in Jever, Lindenallee 1

Das Familien- und Kinderservicebüro als Vermittlungs- und Fachberatungsstelle für den Bereich der Kinderbetreuung hat seinen Hauptstandort im Kreisamt in Jever. Dadurch kann neben den festgeschriebenen Aufgaben sowie der Beratung und Vermittlung bedarfsorientierter Kinderbetreuung eine schnelle unbürokratische Vernetzung mit den vorhandenen fachlichen Hilfe- und Unterstützungssystemen z. B. Jugendamt, Sozialamt, Job Center etc. erfolgt.

Nebenstellen:

Schortens, Rathaus, Oldenburger Straße 29

Wangerland, Kindergarten Horumersiel, Kiebitzhörn 11

Varel, Oldenburger Straße 7 mit angeschlossener Großtagespflegestelle

Sande, Am Nordwest-Krankenhaus mit angeschlossener Großtagespflegestelle

Bockhorn, Grundschule, Gartenstraße 20

4. Kindertagespflege im Landkreis Friesland

Die Kindertagespflege soll sich vor allem an Kinder in den ersten Lebensjahren richten, aber auch als Ergänzung zur institutionellen Betreuung, Bildung und Erziehung von Kindern im Kindergartenalter bzw. für Schulkinder genutzt werden.

Die Arbeitszeiten erwerbstätiger Sorgeberechtigter und damit die Betreuungsbedarfe differenzieren sich immer weiter aus. Atypische und variable Arbeitszeiten nehmen z. B. durch Wochenend- und Schichtarbeit sowie Erweiterung von Ladenöffnungszeiten zu. Ein ausreichendes Angebot an Plätzen in der Kindertagespflege eröffnet den Eltern Wahlmöglichkeiten durch erweiterte Betreuungsformen. Mit einem flächendeckenden Angebot in der Kindertagespflege können Betreuungsplätze wohnortnäher oder aber auch am Arbeitsort angeboten werden.

Mit der Kindertagespflege werden zudem neue Beschäftigungs- und Verdienstmöglichkeiten im Bereich der sozialen Dienstleistung angeboten. Dies bedeutet auch einen wachsenden »Anspruch« an die pädagogische Betreuung: Tagespflegepersonen sollen einem Bildungsanspruch im frühkindlichen Bereich gerecht werden und Tagespflegekinder pädagogisch fördern. Um diesen hohen Ansprüchen gerecht werden zu können, muss besonderes Augenmerk auf die Qualität der Qualifizierung von Tagespflegepersonen und auf die Prozesse gelegt werden, die sich im Betreuungsalltag abspielen.

Der Landkreis Friesland bildet die Tagespflegepersonen in »Eigenregie« aus. Das Curriculum zur Qualifizierung der Tagespflegepersonen wurde vom Deutschen Jugendinstitut entwickelt und umfasst ein Kontingent von 160 Unterrichtsstunden. Die Voraussetzungen für die Tätigkeit einer Tagespflegeperson sind seit einigen Jahren gesetzlich geregelt:

§ 43 SGBVIII – Erlaubnis zur Kindertagespflege

(1) Wer Kinder außerhalb ihrer Wohnung in anderen Räumen während des Tages mehr als fünfzehn Stunden wöchentlich gegen Entgelt länger als drei Monate betreuen will (Tagespflegeperson), bedarf der Erlaubnis.

(2) Die Erlaubnis wird erteilt, wenn die Person für die Kindertagespflege geeignet ist. Geeignet im Sinn des Satzes 1 sind Personen, die

1. sich durch ihre Persönlichkeit, Sachkompetenz und Kooperationsbereitschaft mit Erziehungsberechtigten und anderen Tagespflegepersonen auszeichnen und
2. über kindgerechte Räumlichkeiten verfügen.

Sie sollen über vertiefte Kenntnisse hinsichtlich der Anforderungen der Kindertagespflege verfügen, die sie in qualifizierten Lehrgängen erworben oder in anderer Weise nachgewiesen haben.

(3) Die Erlaubnis befugt zur Betreuung von bis zu fünf fremden Kindern. Sie ist auf fünf Jahre befristet. Die Kindertagespflegeperson hat das Jugendamt über wichtige Ereignisse zu unterrichten, die für die Betreuung des oder der Kinder bedeutsam sind.

(4) Das Nähere regelt das Landesrecht. Es kann die Zahl der zu betreuenden Kinder weiter einschränken oder vorsehen, dass die Erlaubnis im Einzelfall für weniger als fünf Kinder erteilt werden kann.

Für die Erteilung einer Erlaubnis sind folgende Voraussetzungen zu erfüllen:
- Erfolgreiche Teilnahme an einer Qualifizierungsmaßnahme über 160 Stunden nach dem Curriculum des DJI und die Bereitschaft zu weiterer Fortbildung
- Teilnahme an einem Erste- Hilfe- Kurs am Kind über mindestens 10 Stunden
- Vorlage eines erweiterten polizeilichen Führungszeugnisses
- Lebenslauf

- mindestens Hauptschulabschluss
- Gesundheitsatteste für alle Haushaltsangehörigen
- Eignung der für die Kinderbetreuung vorgesehenen Räumlichkeiten

4.1. Methodische Umsetzung des Angebotes Kindertagespflege

- Erstberatung der Tagespflegepersonen
- Auswertung der eingereichten Unterlagen
- Eignungsfeststellung im Rahmen eines Hausbesuches
- Qualitätsstandards
- Spezifische Qualifizierung der Tagespflegepersonen
- Begleitende Gesprächsgruppen für Tagespflegepersonen
- Erstberatung für Eltern im Vorfeld
- Tagespflege als Angebot der Kinder- und Jugendhilfe in enger Zusammenarbeit mit dem Allgemeinen Sozialen Dienst des Jugendamtes und der Wirtschaftlichen Jugendhilfe
- Vermittlung von Tagespflegepersonen und Tagespflegekindern
- Fachliche Begleitung für Tagespflegepersonen und Eltern
- Förderung gemeinsamer Aktivitäten von Tagespflegepersonen und Eltern
- Vernetzung von Kindertagespflege und Tageseinrichtungen für Kinder sowie Schulen
- Aufbau eines Netzwerkes für Urlaubs- und Krankheitsvertretungen im Bereich der Kindertagespflege
- Bezuschussung der klassischen Kindertagespflege, Individualbetreuung, auf der Grundlage der Satzung des Landkreises Friesland
- Kindertagespflege als paralleles Angebot in anderen geeigneten Räumen und im Rahmen der Großtagespflege
- Kindertagespflege als Unterstützungsangebot im Rahmen der frühen Hilfen
- Öffentlichkeitsarbeit/Akquise
- Kooperation und Vernetzung mit anderen Institutionen
- Internet und Statistik
- Konzeptweiterentwicklung/Qualitätssicherung

→ Erstberatung für Tagespflegepersonen

Die Erstberatung erfolgt in der Regel telefonisch. Es handelt sich dabei um ein Informationsgespräch mit den Interessenten, bei dem die Lebenssituation und die Motivation geklärt wird und erste Informationen weitergegeben werden. Damit verbunden ist eine Einladung zum Fachbereich 22 – Jugend und Familie –, um in einem weiteren persönlichen Gespräch die Grundlagen für die Kindertagespflege zu besprechen sowie ggf. zusätzliche Vereinbarungen zu treffen. Im Rahmen dieses Gespräches haben die Fachkräfte des Familien- und Kinderservicebüros die Möglichkeit, sich ein differenzierteres Bild über die tatsächliche Motivation der Interessentin bzw. des Interessenten zu machen, um zu hohe oder auch falsche Erwartungen und Selbstüberschätzung auszuschließen.

→ Auswertung der eingereichten Unterlagen

Die sorgfältige Auswertung der Unterlagen erfolgt unter Berücksichtigung der festgelegten Qualitätsstandards des Landkreises Friesland. Erst danach wird mit den Interessenten ein Hausbesuch vereinbart, um die Eignung für die Kindertagespflege zu prüfen.

→ Eignungsfeststellung im Rahmen eines Hausbesuches

Die Eignungsfeststellung findet in verschiedenen Schritten statt: Von der ersten Einschätzung der Interessenten im Erstkontakt über einen Beratungstermin bis hin zum Hausbesuch.

Bei einem Hausbesuch als Bestandteil der Eignungsüberprüfung, verschafft sich eine der pädagogischen Fachkräfte des Familien- und Kinderservicebüros Eindrücke von der häuslichen und familiären Situation der Interessentin bzw. des Interessenten.

Die Rolle der pädagogischen Fachkraft ist im Prozess der Eignungsfeststellung enorm wichtig:
Sie muss eine Vertrauensbasis zur Interessentin bzw. zum Interessenten herstellen und beurteilt gleichzeitig den Bewerber und trägt die Verantwortung für die Beurteilung. Daher verfügt die zuständige Fachkraft über eine qualifizierte pädagogische Ausbildung.

→ Qualitätsstandards

Die Eignungsüberprüfungen der Tagespflegepersonen finden auf der Basis der dafür entwickelten Qualitätsstandards statt. Sie umfassen folgende Bereiche:
- Sicherheit im Haus
- Sicherheit im Außengelände
- Lebenssituation der angehenden Tagespflegepersonen
- Persönlichkeit (Menschenbild, Belastbarkeit, etc.)
- Erziehungskompetenzen
- Beratung zu den Einsatzmöglichkeiten im Rahmen der persönlichen Kompetenzen

Die Qualitätsstandards im Bereich der Eignungsüberprüfung werden regelmäßig überprüft und bei Bedarf weiter fortgeschrieben.

Die Überprüfung anderer geeigneter Räumlichkeiten bzw. der Großtagespflegestellen erfolgt ebenfalls auf Grundlage einer Ortsbesichtigung und den Qualitätsstandards des Landkreises Friesland.

→ Spezifische Qualifizierung der Tagespflegepersonen

Spezifische Qualifizierung ist selbst für pädagogisch vorgebildete angehende Tagespflegepersonen wichtig, denn im Gegensatz zu anderen Betreuungsformen handelt es sich bei der Tagespflege um eine familiäre Betreuungssituation und um die nahe Kooperation von zwei Familiensystemen. Das Familien- und Kinderservicebüro bietet verpflichtende Fortbildungsmaßnahmen von je 160 Std. nach dem Curriculum des Deutschen Jugendinstituts für einzelne, pädagogisch nicht ausgebildete Tagespflegepersonen (bei pädagogischer Vorbildung: 80 Std.) mit Zertifizierung nach der Qualifizierungs- und Prüfungsordnung für Tagespflegepersonen des Bundesverbandes für Kindertagespflege an.

Zusätzlich werden Curricula für spezifische Anforderungen (z. B. interkulturelle Erziehung, Kinder aus anderen Kulturkreisen, Betreuung von behinderten Kindern, Tagespflege im Kindergarten und der Grundschule, Betreuung und Förderung von Kindern mit besonderen Bedürfnissen (Angebot »Betreuung und Prävention« und »FamKi hilft 1«) im Rahmen der frühen Hilfen angeboten, die auch in Form von Wochenendseminaren durchgeführt werden.

Über diese Qualifizierungsmaßnahmen hinaus gibt es themenbezogene Gesprächsgruppen, Begleitung zur Evaluation sowie 2x jährlich eine Informationsveranstaltung.

→ Begleitende Gesprächsgruppen für Tagespflegepersonen

Zur Qualifizierung der Tagespflegepersonen gehören regelmäßig stattfindende Gesprächsgruppen. Sie sind besonders wichtig für die Reflexion des pädagogischen Alltags und zum fachlichen Austausch »unter Kolleginnen/Kollegen«. Tagespflegepersonen arbeiten in der Regel isoliert im eigenen Haushalt. Die Kindertagespflege ist hier dringend auf eine strukturelle Kompensation dieses spezifischen Merkmals der Betreuungsform angewiesen, um bezüglich der Qualität eine Annäherung an die Standards institutioneller Betreuung gewährleisten zu können. Die Gesprächsgruppen werden von den MitarbeiterInnen des Familien- und Kinderservicebüros fachlich begleitet.

Tagespflegepersonen, die das Angebot der Kindertagespflege in Tageseinrichtungen für Kinder und in Schulen durchführen, sollten regelmäßig zu den Teamsitzungen der entsprechenden Einrichtungen/Institutionen eingeladen werden. Gemeinsame Fortbildungen werden von den Fachkräften des Familien- und Kinderservicebüros konzeptionell durchgeführt.

Die Tagespflegepersonen, die eine Betreuung im Rahmen des Angebotes »Betreuung und Prävention« und FamKi hilft 1 anbieten, sind verpflichtet, regelmäßig an themenbezogenen Curricula teilzunehmen. Im Zeitraum eines halben Jahres werden die jeweiligen Angebote auf ihre Wirksamkeit überprüft und im Rahmen der Fortschreibung des Qualitätssprozesses durch die Fachkräfte des Familien- und Kinderservicebüros dokumentiert.

→ Vermittlung von Tagespflegepersonen und Tagespflegekindern

Die Fachkräfte des Familien- und Kinderservicebüros vermitteln autorisierte Tagespflegepersonen an die entsprechenden Kunden unter Berücksichtigung der pädagogischen sowie betreuungszeitlichen Anforderungen der Familien. Die ausgewählte Tagespflegeperson ist verpflichtet, den aktuellen Belegungsstand mitzuteilen. Die von den Fachkräften des Familien- und Kinderservicebüros vorgenommenen Vermittlungen unterliegen einer statistischen Auswertung. Eine Dokumentation erfolgt unter anderem in der Fortschreibung des Kindertagesstättenbedarfsplanes.

→ Fachliche Begleitung für Tagespflegepersonen und Eltern

Die Fachberatung der Tagespflegepersonen erfolgt im Landkreis Friesland durch die Fachkräfte der Familien- und Kinderservicebüros, die sowohl Tagespflegepersonen als auch Familien als Anlauf- und Beratungsstelle dienen. Die pädagogische Einzefallberatung der Tagespflegepersonen erfolgt ebenfalls durch pädagogischen Fachkräfte der Familien- und Kinderservicebüros.

Zu den Aufgaben des Familien- und Kinderservicebüros gehört neben der Entwicklung von Netzwerken von und für Tagespflegepersonen ebenfalls die Vernetzung mit den weiteren Kinderbetreuungsangeboten im Landkreis Friesland. Hierzu ist ein regelmäßiger Austausch zwischen Tagespflegepersonen und den MitarbeiterInnen der Tageseinrichtungen für Kinder sowie gegebenenfalls schulischen Lehrkräften unabdingbar, der z. B. in Form von gemeinsamen Fortbildungen realisiert wird.

Die Fachkräfte des Familien- und Kinderservicebüros bieten zudem in Krisensituationen Beratungsgespräche an. In Fällen von pädagogischen Konfliktlagen wirken die pädagogischen Fachkräfte des Familien- und Kinderservicebüros unterstützend und vernetzend ein.

→ Förderung gemeinsamer Aktivitäten von Tagespflegepersonen und Eltern

Das Familien- und Kinderservicebüro organisiert Spielgruppentreffen, die nicht nur dem Austausch von Tagespflegepersonen und Eltern dienen, sondern von allen Eltern als Informationsbörse »Rund um die Kinderbetreuungsangebote im Landkreis Friesland« sowie zum kontinuierlichen Erfahrungsaustausch genutzt werden sollen.

→ Vernetzung von Kindertagespflege und Tageseinrichtungen für Kinder sowie Schulen

Das Familien- und Kinderservicebüro stellt eine Vernetzung der Betreuungsangebote Kindertagespflege – Tageseinrichtungen für Kinder – Schule her.

Ziele sind:

- Die Möglichkeit eines nachhaltigen Betreuungsangebotes von der Krippe über den Kindergarten bis zur Schule zu verbessern, um damit den Übergang der Betreuung sowie die Eckzeiten (Betreuungsangebot außerhalb der regulären Öffnungszeiten der Tageseinrichtungen für Kinder und Unterrichtszeiten der Schulen) für das einzelne Kind und deren Familie verlässlich zu gestalten.
- Die Schaffung von Strukturen, innerhalb derer sich die einzelnen Einrichtungen sowie das Angebot der Tagespflege langfristig vernetzen können und durch die beide Betreuungsformen unterstützt werden können. Dazu gehört

auch die praktische Umsetzung in Form von Projekten im Rahmen der Konzipierung und Erprobung neuer Betreuungsmodelle und der Vernetzung des vorhandenen Betreuungsangebotes; ebenso wie Absprachen über Öffnungs- und Betreuungszeiten in Tageseinrichtungen für Kinder (z. B. die Möglichkeit der Eckzeitenbetreuung durch Tagespflegepersonen).

In Absprache mit den Tageseinrichtungen für Kinder und Schulen werden die Betreuungsangebote nach den jeweiligen Bedarfen in Form von Großtagespflegestellen geschaffen. Folgende Möglichkeiten können dabei in Anspruch genommen werden:
- Betreuung in Eckzeiten außerhalb der regulären Öffnungszeit von Tageseinrichtungen für Kinder und Schulen
- Betreuung von Kindern unter drei Jahren

→ Aufbau eines Netzwerkes für Urlaubs- und Krankheitsvertretungen im Bereich der Kindertagespflege

Die Aufgabe des Jugendamtes ist es gemäß § 23 Abs. 4 Satz 2 SGB VIII für die Ausfallzeiten einer Tagespflegeperson rechtzeitig eine andere Betreuungsmöglichkeit für das Kind sicherzustellen. Dadurch erhalten Erziehungsberechtigte die Sicherheit, dass ihr Kind kontinuierlich betreut wird.

Das Familien- und Kinderservicebüro bietet in außergewöhnlichen Situationen schnelle Vertretungsmöglichkeiten an.

→ Bezuschussung der klassischen Kindertagespflege, Individualbetreuung, auf der Grundlage der Satzung des Landkreises Friesland

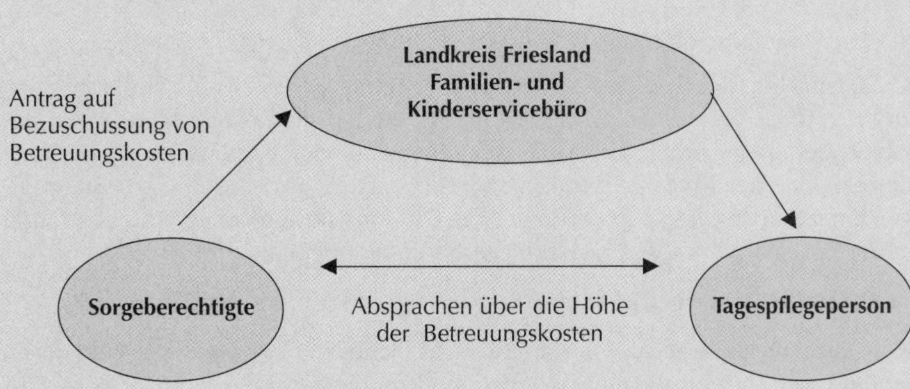

→ Kindertagespflege im Rahmen des Angebotes »Betreuung und Prävention« in Schulen und anderen geeigneten Räumen

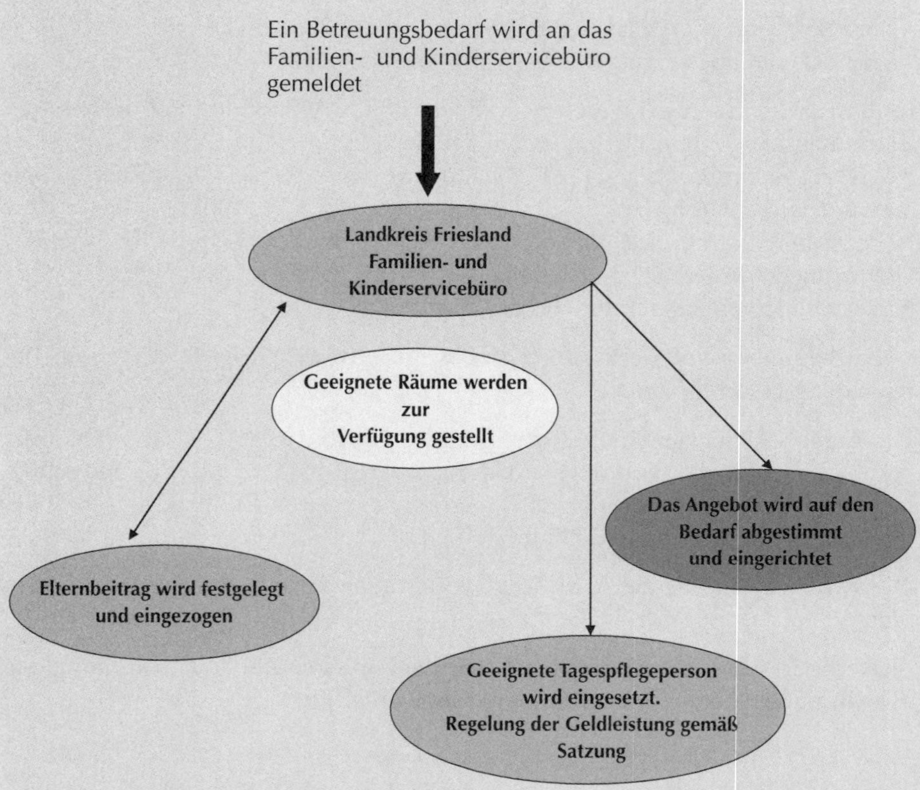

Die Fachkräfte des Familien- und Kinderservicebüros bieten eine Unterstützung zu Fragen der vertraglichen Ausgestaltung, zur Bereitstellung verlässlicher, flexibler, bedarfsgerechter und ggf. altersübergreifender Kindertagespflege ohne den Bestand der Rechtsberatung zu berühren. Die Zuschusszahlungen unterliegen einer statistischen Auswertung. Eine Dokumentation erfolgt unter anderem in der Fortschreibung des Kindertagesstättenbedarfsplanes.

→ Öffentlichkeitsarbeit/Akquise

Eine der unerlässlichen Daueraufgaben der fachlichen Begleitung besteht darin, laufend neue Tagespflegepersonen per Öffentlichkeitsarbeit auf das Betätigungsfeld der Kindertagespflege aufmerksam zu machen. Dies wird durch Informationsveranstaltungen, Presseberichte, Verteilung von Informationsmaterialien an Kinderärzte, Tageseinrichtungen für Kinder, die Volkshochschule, Krankenhäuser etc. gewährleistet.

Gleichermaßen ist es wichtig, den Eltern das Dienstleistungsangebot »Tagespflege« näher zu bringen. Dies wird durch Informationsveranstaltungen in Tageseinrichtungen für Kinder, Schulen, die Teilnahme an verschiedenen Arbeitskreisen

(z. B. Bündnis für Familien), Presseberichte sowie dem Verteilen von Informationsflyern gewährleistet.

→ Kooperation und Vernetzung mit anderen Institutionen

Die Kindertagespflege sollte ebenso wie die Betreuung in Tageseinrichtungen für Kinder im größeren Kontext von Wirtschaft und Gesellschaft gesehen werden, um ihr einerseits einen angemessenen Stellenwert zu verschaffen und andererseits neue Akteure für die Kindertagespflege zu gewinnen bzw. diese bei der Umsetzung von Bemühungen um Kindertagespflege zu unterstützen.

Zu den Akteuren gehören u. a. Wirtschaftsunternehmen, ggf. im Kooperationsverbund mit anderen Firmen, die z. B.

- ihren Beschäftigten einen – unter bestimmtem Bedingungen steuerfreien – Zuschuss zur Kindertagespflege geben,
- Tagespflege exklusiv an sich binden und damit einen Betreuungsservice vorhalten oder

Ein weiterer Partner ist das Job Center Friesland. Dies ist in doppelter Hinsicht von Bedeutung: Zum einen können mehr geeignete Personen für eine Tätigkeit in der Kindertagespflege gewonnen werden und zum anderen kann die Erwerbsfähigkeit von Arbeit suchenden Eltern dadurch gefördert werden, dass ihnen Betreuungsmöglichkeiten für ihre Kinder angeboten werden.

→ Internet und Statistik

Die Ermittlung von Bedarfsstatistiken zur Fortschreibung des Kindertagesstättenbedarfsplanes sowie eine themenbezogene Internetpräsentation werden umgesetzt.

→ Konzeptweiterentwicklung/Qualitätssicherung

Die Anforderungen an die Betreuungsaufgaben steigen und inhaltliche Konzepte müssen daher kontinuierlich weiterentwickelt und aktualisiert werden.

Eine gute Kinderbetreuung ist die, die das physische, emotionale, soziale und intellektuelle Wohlbefinden der Kinder fördert und die Familien in ihren Betreuungsaufgaben unterstützt.

Das Wissen um die aktuelle pädagogische Qualität einer Kinderbetreuung ist die Voraussetzung für einen zielorientierten Prozess der Qualitätsentwicklung. Die entwickelten Standards des Angebotssystems werden weiter entwickelt und fortgeschrieben.

5. »HAnd in HaND im Landkreis Friesland«

HAnd in HaND im Landkreis Friesland ist ein integrierte Konzeption zur Vermeidung von emotionalen und physischen Armutsfolgen bei Kindern gemäß § 8a SGB VIII (Schutzauftrag bei Kindeswohlgefährdung).

Hauptziel des ist es, den präventiven Kinderschutz zu stärken, um die Balance zwischen den Anforderungen an das Familiensystem und den vorhandenen Eigenressourcen wiederherzustellen bevor es zu einem Eingriff im Rahmen des gefährdungsbezogenen Kinderschutzes kommen muss. Kinderschutz ist eine Gesamtaufgabe und wird auf der Ebene des örtlichen Jugendhilfeträgers als Netzwerk organisiert. Es macht Sinn, Unterstützungsangebote von Diensten und Einrichtungen der freien sowie öffentlichen Jugendhilfe zu bündeln, um einen besseren Synergieeffekt zu erzielen. Darüber hinaus hält der örtliche Träger der Jugendhilfe ein bedarfsgerechtes Angebot an Frühen Hilfen in Eigenregie vor.

Durch den Ausbau der Kindertagespflege wird die Betreuungslandschaft und somit die Wahlmöglichkeit der Eltern hinsichtlich der Betreuung ihrer Kinder um ein Vielfältiges erweitert. Über den Betreuungsansatz der Kindertagespflege hinaus wird auch ein präventiver unterstützender Ansatz gefördert und begleitet. Dies geschieht in enger Abstimmung mit den Fachkräften der Familien- und Kinderservicebüros durch das Angebot »Betreuung und Prävention« und FamKi hilft 1.

5.1. Das Angebot »Betreuung und Prävention«

5.1.1. Ausgangslage/Bedarf/Angebot

Betreuung und Prävention

Zielgruppen:

Teenager- Eltern
Sozial isolierte Mütter und Väter aus bildungsfernen Milieus
Migrantenfamilien mit geringen Deutschkenntnissen
Alleinerziehende Mütter und Väter
Eltern mit einem besonderen Unterstützungsbedarf außerhalb der Jugendhilfe

Angebotsbeschreibung:

Bevor möglicherweise der Einsatz von Erzieherischen Hilfen nach §§ 27 ff. SGB VIII notwendig wird, kann diese Unterstützungsform eingesetzt werden, um im Familiensystem die Eltern einerseits in der Erziehungsarbeit zu unterstützen und andererseits Kinder durch qualifizierte Kinderbetreuung adäquat zu fördern. Ein besonderes Anliegen ist dabei eine nachhaltige Festigung des Familiensystems. Der Zeitrahmen richtet sich an den Bedarfen der Kinder/Familie/Eltern und wird individuell mit den Eltern abgestimmt und gemeinsam festgelegt. Um eine Stigmatisierung zu vermeiden werden in den Großtagespflegen auch Kinder betreut, deren Eltern bedingt durch die eigene Beruftätigkeit eine Betreuung benötigen.

Durchführung:

- Qualifizierte Kinderbetreuung in einer Großtagespflegestelle durch qualifizierte Tagespflegepersonen in enger Kooperation mit den pädagogischen Fachkräften der Familien- und Kinderservicebüros.
- Die pädagogische Beratung kann auf Wunsch der Eltern auch im familiären Umfeld durchgeführt werden. Die Durchführung erfolgt durch die pädagogischen Fachkräfte der Familien- und Kinderservicebüros. Dabei steht die Steigerung der Erziehungskompetenz der Eltern und ihre persönliche Kontrolle hinsichtlich ihres Erziehungsverhaltens im Vordergrund. Folgende Themenschwerpunkte werden bearbeitet:

Wertevermittlung und Tagesstruktur

Die Eltern werden dahingehend sensibilisiert, dass sie Werte wie Liebe, Zuwendung, Regelmäßigkeit, Verlässlichkeit, Vertrauen in die familiäre Tagesstruktur mit einbinden. Ebenso werden die Erziehungsziele thematisiert.

Problemlösekompetenz in Stresssituationen

Die Eltern erlernen, wie Konflikte »entspannter« und gewaltfrei bewältigt werden können. In diesem Zusammenhang wird vermittelt, wie wichtig es ist, dem Kind die eigenen Handlungen und Reaktionen zu erklären und konstruktiv vorzugehen. Somit ist dem Kind nicht ständig zu erläutern, was es falsch macht, sondern wie man es machen kann. Die große Bedeutung des Erklärens und der »Ich-Botschaften« rückt in den Vordergrund.

Wertschätzung und Anerkennung aller Familienmitglieder

Zu diesem Thema wird vermittelt, wie wichtig ein anerkennender Umgang aller Familienmitglieder miteinander ist, um die jeweilige Persönlichkeit nicht zu verletzen. Die Kinder sind ein Teil der Familie und müssen in die Prozesse des Zusammenlebens integriert werden.

Besondere Bedürfnisse des Kindes

In diesem Zusammenhang wird erläutert, wie Eltern die besonderen Bedürfnisse ihrer Kinder einschätzen können und somit mit den jeweiligen Verhaltensauffälligkeiten umgehen. Diese Auffälligkeiten sind häufig eine Reaktion auf eine Art von Unsicherheit. Somit ist zu vermitteln, dass die Eltern dahingehend geschult werden, dass sie die Reaktionen der Kinder einordnen können und entsprechend konsequent reagieren.

Gesundheitsfördernder Alltag

Die Eltern erlernen, wie wichtig sich eine ausgewogene Ernährung und eine ausreichende Bewegung positiv auf die Entwicklung des Kindes auswirkt.

Es werden Alternativen zur »elektrischen Oma« gesucht und im Gespräch ein Plan erstellt, wie sich ein abwechslungsreicher Tag gestalten lässt.

5.2. Das Angebot »FamKi hilft 1«

5.2.1 Ausgangslage/Bedarf/Angebot

Familien- und Kinderservicebüro hilft I (Famki hilft I)
(Unterstützung der Familien in -besonderen- Lebenssituationen)

Zielgruppen:

Eltern/Familien/Alleinerziehende mit einem besonderen Unterstützungsbedarf außerhalb der Jugendhilfe

Teenager- Eltern

Sozial isolierte Mütter und Väter aus bildungsfernen Milieus

Angebotsbeschreibung:

Übergangshilfe ggf. auch als Vorbereitung (»Türöffner«) auf weitere Hilfen innerhalb der Jugendhilfe.

Desweiteren steht die Unterstützung von Familien in Einzelkrisen, d. h. Familien, die ihren Lebensalltag ohne fremde Hilfe bewältigen konnten, aber durch nicht erwartete Einzelereignisse in Krisensituationen geraten sind (Tod des Ehepartners, Krankheit, Reintegration eines Kindes usw.). Diese Krisen können fast nicht mehr aus eigener Kraft bewältigt werden, wobei aber die grundsätzliche Versorgung in der Familie gewährleistet ist.

Außerdem werden Familien in periodischen Strukturkrisen berücksichtigt. Diese Familien sind mehr oder weniger Dauerbelastungen ausgesetzt. Strukturelle Defizite nehmen Einflusss auf die familiale Organisation im Sinne der Gefahr einer sozio-ökonomischen Benachteiligung. Aber auch diese Familien haben noch Problemlösungskompetenzen, allerdings durch die Dauerbelastungen eher abnehmend.

Durchführung:

- Qualifizierte Kinderbetreuung und niederschwellige Unterstützung in der Bewältigung des Familienalltags durch qualifizierte Tagespflegepersonen in enger Kooperation mit der pädagogischen Fachkraft der Familien- und Kinderservicebüros im häuslichen Umfeld der Familie/Eltern
- oder als Unterstützung des Kindes im Umfeld der Kindertagesstätte im Rahmen einer Einzelbetreuung zur Deeskalierung einer krisenbedingten Verhaltenauffälligkeit des Kindes. Mit der Möglichkeit der Erzieherin, sich zum Zwecke der Reflektion des eigenen Verhaltens gegenüber dem Kind (vor, während und nach dem auffälligen Verhalten) aus der Situation herauszuziehen. Z. B., um die Situationen, in denen Verhaltensauffälligkeiten auftreten; Interaktionen der Kinder vor, während und nach dem auffälligen Verhalten; Reaktionen der anderen Kinder zu beobachten, dokumentieren und im Team auszuwerten.
- Die pädagogische Beratung und Begleitung im häuslichen Umfeld der Familie/Eltern wird von den pädagogischen Fachkräften der Familien- und Kinder-

servicebüros durchgeführt. Die Auswertung und die pädagogische Beratung der Erzieherinnen übernehmen die Fachkräfte der Familien- und Kinderservicebüros.

- Der Zeitrahmen der Unterstützung richtet sich am Bedarf des Kindes bzw. der Familie/Eltern und wird individuell abgestimmt sowie gemeinsam festgelegt.

Pädagogisches Anliegen:

Entlastung des Familiensystems durch qualifizierte Tagespflegepersonen als Unterstützung in der Kinderbetreuung und der Bewältigung des familiären Alltags. Die Erweiterung der Kompetenzen im lebenspraktischen und erzieherischen Bereich. Das geschieht in enger Kooperation mit den pädagogischen Fachkräften der Familien- und Kinderservicebüros. Die pädagogische Fachkraft unterstützt die Familien/Eltern in deren »besonderer« Lebenssituation. Dabei spielt der Aufbau eines Selbsthilfesystems als Befähigung und Ermutigung (»Empowerment«) auf ein selbstbestimmtes Leben eine große Rolle.

5.3 Das Angebot »FrieKi (Frieslands Kinder) unterwegs«

5.3.1 FrieKi (Frieslands Kinder) unterwegs

FrieKi (Frieslands Kinder) unterwegs (ein aufsuchendes Ferienangebot)

Zielgruppe:

Kinder im Alter von 5–11 Jahren

Angebotsbeschreibung:

- Das Angebot kann flexibel an unterschiedlichen Standorten im Landkreis Friesland angeboten werden z. B. Bauernhof, Jugendzentrum, Gemeindezentrum etc.
- Es umfasst einen Zeitraum von Montag bis Freitag in der Zeit von 6:30–17:00 Uhr.
- Die Teilnehmerzahl beträgt 20.
- Die Kontaktaufnahme zu den Eltern in Bring- und Abholzeiten sowie am letzten Aktionstag wird ausdrücklich angestrebt.

Durchführung:

Die Durchführung erfolgt durch Tagespflegepersonen in Kooperation mit den pädagogischen Fachkräften der Familien- und Kinderservicebüros.

Pädagogisches Anliegen:

»FrieKi unterwegs« richtet sich an alle Kinder, deren angemessene Betreuung, Erziehung und Bildung während der Schulferien durch die Sorgeberechtigten nicht ausreichend sichergestellt werden kann. Hier steht das Kennenlernen neuer Lebenswelten und die Vermittlung neuer Eindrücke zur Erweiterung des persönlichen Horizonts im Vordergrund. »Abenteuer statt Luxus, Kreativität und Eigeninitiative statt Konsum, neue Erfahrungen statt Langeweile«

Kinder mit schwierigen familiären Hintergründen sollen darüber hinaus durch die Ferienfreizeit die Möglichkeit erhalten, sich in diesem Rahmen von ihrem Lebensalltag zu erholen, neue positive Erfahrungen machen und ein positives Lebensgefühl mit nach Hause nehmen. Im Rahmen der Elternarbeit kann eine persönliche Beratung in Anspruch genommen werden.

5.4. Tagespflegepersonen im Bereich der Frühen Hilfen

Die Umsetzung der Unterstützungsangebote erfolgt im betreuerischen, pflegerischen sowie in der Stärkung von lebenpraktischen Bereichen durch selbständig tätige Tagespflegepersonen. Die erzieherische, präventive Unterstützung übernehmen die pädagogischen Fachkräfte der Familien- und Kinderservicebüros.

Ein Team von Fachkräften in den Familien- Kinderservicebüros stellt die benötigten Unterstützungsangebote sicher. Wir begegnen konzeptionell dem strukturellen Widerspruch zwischen Kontroll- und Hilfe(Unterstützungs)auftrag. Das Aufgabenspektrum umfasst ein über die Arbeit mit einzelnen Familien hinausgehendes, breiteres Spektrum und hat sich in Richtung einer Vermittlung von Hilfen sowie Beratung im Sinne niederschwelliger Unterstützung gleichermaßen entwickelt. Das bedeutet für die Praxis:

- Niederschwellige Zugangsmöglichkeiten/Geh-Struktur
- Flexibilität eines niederschwelligen Unterstützungsangebot an die Familien/Einzelnen
- Qualitätssicherung durch Teamarbeit, Praxisberatung, Supervision und Fortbildung
- Evaluation des Konzeptes durch anerkannte Fachinstitutionen

Die Fachakteure im Landkreis Friesland haben sich auf den Weg gemacht, eine neue zukunftsweisende Pädagogik umzusetzen. Mit eingebunden sind die Tagespflegepersonen im Rahmen ihrer Möglichkeiten.

Quellennachweis:

- Vorträge der Fachtagung »Auf- und Ausbau einer qualifizierten Tagespflege« des Deutschen Jugendinstitut am 16.10.2003 in Frankfurt/Main.
- Überarbeitete Empfehlungen des Deutschen Vereins zur Ausgestaltung der Kindertagespflege, Berlin 01.10.2005.
- Empfehlungen und Hinweise zur Kindertagespflege – Eine Arbeitshilfe, 2006 Landkreistag NRW, Städte- und Gemeindebund NRW, Städtetag NRW.
- Familienprojekt, Stadt Dortmund 2007.
- Konzept MOKI – Mohnheim am Rhein 2007.
- KiTa aktuell NRW, Ausgabe 1/2006, Tagespflege und Tageseinrichtungen von Gerhard Matenaar.
- Handbuch Kindertagespflege 2009 – Bundesministerium Familie, Senioren, Frauen und Jugend

Damit bereits die Arbeit an Konzepten von Anfang an praxisorientiert bleibt, ist es wichtig, von allgemeinen Zielvorstellungen zu konkret umsetzbaren Zielformulierungen, deren Erfüllung auch nachweisbar wird, zu gelangen. Da in der Ausbildung der Fachkräfte für Kindertagespflege auch von einer Konzepterstellung für den Kindertagespflege-Alltag gesprochen wird und in dieser Praxis ein Konzept ohne Praxisbezug weder zeitlich zu erbringen ist noch für den Alltag in der Kindertagespflege Sinn macht, wird im Weiteren der Begriff Konzept verwendet. Mit Hiltrud von Spiegel gedacht könnte die Fachberatung für Kindertagespflege die Konzepte entwickeln, welche die Konzeptionen in der Praxis der Kindertagespflege ermöglichen. Da die Vorstellung, dass Konzepte umsetzbar sein sollen und nicht als Papierablage gedacht sind, diesem Buch zugrunde liegt, werden Aspekte der Konzept- und Konzeptionsarbeit nicht unterschieden, sondern vielmehr wird der Prozess zwischen Theorie und Praxis als ein ko-konstruktiver verstanden, in dem sich Theorie und Praxis gegenseitig ergänzen, beeinflussen, verändern und weiterentwickeln. Lernen geschieht in der Ko-Konstruktion durch Zusammenarbeit. Auf die Fachberatung angewandt bedeutet das, dass die Beratung von den praktischen Problemen im Kindertagespflege-Alltag lernt und Lösungen entwickelt, die zum Nutzen weiterer ähnlicher Probleme in der Praxis dienlich sind. Fachberatung wird an dieser Schnittstelle zur Praxis zum Multiplikator der Theorie in die Praxis und der Praxis in die Theorie. Die Aufgaben der Fachberatung in der Kindertagespflege sind sehr vielfältig und die Art und Weise, wie spezifisches Fachwissen erworben wird, bedarf unterschiedlicher Vorgehensweisen und Methoden. Ein praxistaugliches Konzept schafft es, diese für die jeweils betroffenen Beteiligten transparent und verständlich zu machen.

Ko-Konstruktion als pädagogischer Ansatz bedeutet, dass Lernen durch Zusammenarbeit stattfindet. Fachkräfte und Kinder konstruieren durch soziale Interaktion gemeinsam Bildung. Fachkräfte zeigen dabei Kindern ihre Vorstellung von der Welt und Kinder den Fachkräften die ihre. Aus dieser Konstruktion ergibt sich für beide etwas Neues.

Für die Fachberatung gilt das Gleiche. Durch ihre zentrale Aufgabenstellung bringen Sie Menschen zusammen und fördern idealerweise deren natürliche Neigung zur Vernetzung.

6.2 Transparenz statt Kontrolle

Kontrolle schafft Druck, Ausweichmanöver und Vorwände. Viele Fachberatungsstellen nutzen Kotrolle noch immer als Hauptwerkzeug um gute Qualität in die Kindertagespflege zu bringen. Eine solche Vorgehensweise schafft jedoch bei den Kontrollierten eher Widerstand und Soll-Erfüllung. Fachkräfte in der Kindertagespflege, welche die Gelegenheit bekommen in Fort- und Weiterbildung ihre Arbeit transparent zu machen, können ihr individuelles Potential entfalten, entwickeln Selbstbewusstsein und spiegeln so die Vielfalt der Möglichkeiten zu guter Qualität im frühkindlichen Betreuungs-, Erziehungs- und Bildungsbereich wider. Um solche Transparenz zu fördern, ist es für die Fachberatung wichtig, selber ein Konzept zu erstellen, in welchem fachliche, organisatorische und finanzielle Aspekte für die Betroffenen transparent gemacht werden, um zu verstehen, was fachlich, organisatorisch und finanziell gewollt, möglich und umsetzbar ist.

Die Konzepterstellung ist dem Bauen eines Hauses sehr ähnlich. Ein tragfähiges Fundament und viele einzelne Bauteile lassen ein solides Konzept entstehen.

> *Konzept* kommt von dem lateinischen »concipere«, was mit »erfassen« übersetzt werden kann. Ein Konzept beschreibt eine Grundvorstellung, die erste Fassung eines Textes oder einer Idee. Ein Konzept kann als eine Sammlung von Leitgedanken verstanden werden.

Konzepte dienen dazu:

- Informationen zu einem neuen Thema zu recherchieren, zu strukturieren um sie einem größeren Personenkreis zur Verfügung zu stellen,
- den Kenntnisstand zu einem Thema zu dokumentieren,
- neue und kreative Ideen festzuhalten,
- Entscheidungen vorzubereiten oder zu begründen,
- einen Auftrag auszuformulieren,
- andere Personen von einem Vorgehen zu überzeugen

Der Zweck eines Konzeptes kann mehrere Gründe haben. Entscheiden Sie, welche für Sie in Frage kommen und halten Sie das schriftlich fest. Während der Arbeit an einem Konzept kann der ursprüngliche Grund schon mal verloren gehen oder aus dem Blick geraten. Es ist dann sehr hilfreich sich seiner anfänglichen Absichten nochmals vergewissern zu können.

Für die Kindertagespflege sind ein pädagogisches Konzept und ein Konzept für den Aufbau und die Organisation einer Fachberatungsstelle wichtig. Die Konzepte können getrennt oder miteinander entwickelt werden. Da die Unterstützung der Kindertagespflegepersonen und Eltern durch Beratung ein gesetzlicher Auftrag ist, sollte bei der getrennten Vorgehensweise eine inhaltliche – pädagogische – Konzepterstellung einer organisatorischen vorangehen. Die Organisation soll den zu beratenden Inhalten und der Förderung von Kleinkindern dienen. Da der Förderauftrag: betreuen, erziehen und bilden beinhaltet, ist es Aufgabe der Fachberatung Kindertagespflegepersonen und Eltern in allen drei Bereichen qualitativ gut zu beraten. So gesehen könnten ein Betreuungs-, ein Erziehungs- und ein Bildungskonzept die Pfeiler eines inhaltlichen »pädagogischen« Konzepts bilden. Die Organisation einer Fachberatung sollte sich an dieser Aufgabe und der Erreichung von Förderzielen ausrichten. Im Rahmen dieses Praxisbuches werden Sie die Erarbeitung eines Gesamtkonzeptes kennenlernen, in dem Leitgedanken und Förderziele in den Grundannahmen formuliert werden. Durch die Gesamtsicht auf das Konzept für die Fachberatung in der Kindertagespflege soll der Zusammenhang zwischen Inhalt und Organisation aufzeigbar bleiben. Organisationen dienen immer einem inhaltlichen Auftrag und Ziel und sollten sich nicht davon losgelöst entwickeln.

Wenn Sie sich vor den ersten Schritten der Konzepterarbeitung die Konzepte anderer Fachberatungsstellen anschauen, können Sie sich bereits orientieren, welche Art und Form von Konzept zu Ihrer Arbeit und ihren Aufgaben passt. Schauen Sie dabei ruhig über den Tellerrand, denn andere Arbeitsgebiete aus dem Bereich der Wirtschaft oder der Technik können ihnen viele strukturelle und organisatorische Anregungen geben.

Manche Menschen können sehr leicht Konzepte erstellen und scheinen das als eine natürliche Fähigkeit mitzubringen. Durch Übung kann diese Fähigkeit trainiert werden. Sie entwickelt sich mit jedem neu zu erstellenden Konzept weiter. Hinter häufig genannten Hindernissen wie: »Ich habe keine Zeit«, »Das ist viel zu viel, was da in das Konzept muss«, »Ich kann die Menge an Informationen gar nicht überblicken«, »Ich bin zu einfallslos für neue Lösungen« oder »Ich bin nicht gut im Schreiben« versteckt sich meist ein ganz anderes Problem: Die Benennung eines klar und präzise formulierten, nachvollziehbaren und vollständigen Ziels. Das ist viel schwerer als sich das sagen lässt: »Benennen sie Ihr Ziel.« Häufig wissen Sie, was Sie nicht wollen. Zu formulieren, was sie wollen, ist bedeutend schwieriger. Wenn das schriftliche Formulieren eines Ziels im Einvernehmen mit allen Beteiligten gelingt, dann ist das bereits ein sehr guter Erfolg.

Ziele bezeichnen wünschenswerte zukünftige Zustände oder Verhaltensweisen.

Auf diese Weise haben Sie das Wesentliche Ihrer Aufgabe jederzeit vor Augen. Das hilft besonders dann, wenn Sie in der Menge der Informationen, Interessen und Aufgaben drohen unterzugehen. Durch die wiederholte Konzentration auf das eigentliche Ziel können Sie sich immer wieder auf das Wesentliche ausrichten ohne sich ablenken zu lassen.

6.3 Phasen einer Konzeptentwicklung

Die Arbeit an einem Konzept findet immer in den folgenden fünf Schritten statt:
- Informationen recherchieren und im Brainstorming alle wichtigen Anliegen sammeln.
- Eine Konzeptstruktur entwickeln, in welche das nötige Informationsmaterial hineinpasst.
- Erarbeitung des Konzepts unter Berücksichtigung der Rahmenbedingungen.
- Rückmeldung aus den betroffenen Arbeitsbereichen.
- Feinabstimmung und Endfassung des Konzeptes.

Als Erfahrungswert kann gesagt werden, dass das Schreiben eines Konzeptes 20–40% der Arbeit an einem Konzept ausmacht. Der Hauptteil der Arbeit liegt mit 60–80% bei der guten und gründlichen Vorbereitung in Form des Zielbildungsprozesses, der Informationsbeschaffung, Gewichtung und Strukturierung der Inhalte.

Um sich an ein Konzept, wenn es noch nicht existiert, heranzutasten, hilft es, sich einen Fragenkatalog zu erstellen, wie beispielsweise diesen:

Erste allgemeine Fragen zur Orientierung

Was wollen Sie durch die Fachberatung erreichen?
Welchen Auftrag haben Sie als Fachberatung?
Was wollen die Eltern von Ihnen?
Was wollen die Fachkräfte für Kindertagespflege von Ihnen?
Was will die Politik für die Kindertagespflege?
Wo finden Widersprüche in Ihrer Arbeit statt?
Wie kann man diese auflösen?
Wer kann helfen?
Wo finden Sie Beratung?

Die ersten allgemeinen Fragen führen zu ersten Antworten und zur Klärung, was in der Fachberatung gebraucht wird und was erreicht werden soll. Alles wird gesammelt und offene Fragen werden festgehalten.

Das ist der erste Schritt zur Informationssammlung für das Konzept und gehört bereits zur Vorbereitung, bevor das Konzept entworfen wird.

Fragen zur Fachberatungsstelle

Zielgruppe und Beratungsbedarf
Was ist meine Kernaufgabe in der Fachberatung?
Welcher Beratungsbedarf existiert bei Ihrer Zielgruppe?
Gibt es spezielle Leistungsangebote in Ihrer Fachberatungsstelle?
Sind diese als solche ausgewiesen und bekannt?
Wie und wodurch nehmen Sie einen Wandel im Beratungsbedarf wahr?
Wie reagieren Sie auf eine Änderung des Beratungsbedarfes?
Wer nutzt wie häufig Ihre Fachberatung?
Sind die Fachberatungsgründe sehr unterschiedlich?
Welche immer wiederkehrenden Fachberatungsanlässe gibt es?

Fachliches
Welche fachlichen Voraussetzungen gibt es für die Fachberatung?
Haben Sie bereits ein Fachberatungskonzept?
Wer ist für ein solches Konzept verantwortlich?
Wer erstellt das Fachberatungskonzept?
Wie und wann wird dieses aktualisiert?
Was ist Bildung im frühkindlichen Bereich?
Wie soll Bildung umgesetzt werden?
Wie werden Fachkräfte für Kindertagespflege aus- und weitergebildet?

Wie werden Fachkräfte für die Kindertagespflege vorbereitet und kontinuierlich weitergebildet?
Was sind die Voraussetzungen für die Pflegeerlaubnis?

Organisatorisches
Wie viel Arbeitszeit verwende ich auf die Kernaufgabe der Fachberatung?
Welche Aufgaben, die Sie ausführen, behindern die Kernarbeit?
Welche Organisationsform hat Ihre Fachberatungsstelle?
Wem berichten Sie?
Wer ist wem weisungsbefugt?
Haben Sie Unterstützung durch Mitarbeiter/-innen?
Können Sie Aufgaben der Fachberatung auslagern?

Vernetzung
An welche Stellen verweisen Sie, wenn Probleme jenseits Ihrer Fachberatungsaufgaben entstehen?
Wie vernetzen Sie sich mit anderen Fachberatungsstellen?
Wie erfolgt kollegiale Beratung?

Finanzielles
Welche Mittel stehen der Fachberatung zur Verfügung?
Über wie viel Personalzeit verfügt die Fachberatungsstelle?
Welche Gelder stehen der Fachberatungsstelle regelmäßig zur Verfügung?
Welche Gelder stehen der Fachberatungsstelle unregelmäßig zur Verfügung?
Welche externen Mittel sind nutzbar?
Gibt es Fördermittel, die der Fachberatung zur Verfügung stehen?
Welche Möglichkeiten gibt es Geldmittel einzuwerben?

Öffentlichkeitsarbeit
Wie bekannt ist Ihre Fachberatungsstelle?
Ist die Fachberatung bei der Zielgruppe der Fachberatung bekannt?
Wie werden Sie gefunden?
Welche Anlässe führen zu einer Kontaktaufnahme mit Ihnen?

Fort- und Weiterbildung
Wo und wie nehmen Sie selber Fachberatung in Anspruch?
Wie aktualisieren Sie Ihr Wissen zu den Kernaufgaben Ihrer Fachberatung?
Wo und wie nehmen sie Fort- und Weiterbildung wahr?

Qualitätsaspekte
Wie messen Sie die Wirksamkeit Ihrer Beratung?
Wie zufrieden ist die Zielgruppe mit Ihrer Fachberatung?
Wann und wie ändern Sie Arbeitsabläufe?
Wie gehen Sie mit Verbesserungsvorschlägen um?
Haben sie ein Vertretungssystem?
Was können Sie zur Verbesserung der Arbeitsabläufe unternehmen?
Gibt es eine Dokumentation der Arbeitsabläufe und Zuständigkeiten?

Dieser Fragenkatalog kann beliebig erweitert werden. Jede Fachberatungsstelle wird ihre eigenen spezifischen Fragen haben, die mal mehr oder mal weniger relevant für die Arbeit in der Beratungsstelle sein werden.

Ein Konzept für die Fachberatung gibt die fachliche Grundlage, die Zielrichtung wieder, nennt die beteiligten Personen, deren Aufgaben und Organisationsformen und stellt die finanziellen Grundlagen dar. Im Folgenden finden Sie den Rahmen für ein Konzept, der es Ihnen ermöglicht, ein auf Ihre Stelle passendes Konzept zu entwickeln, indem Sie zu den einzelnen Punkten des Rahmens ihre vor Ort stattfindende Vorgehensweise beschreiben.

Ziele in der Fachberatung für Kindertagespflege können sein:
- Förderung des Sozial- und Lernverhaltens,
- Aktive Unterstützung beim Verstehen des Förderauftrages zur Betreuung, Erziehung und Bildung
- Vermittlung eines zeitgemäßen Bildungsverständnisses
- Förderung interkultureller Kompetenz,
- Förderung zunehmender Selbstverantwortung und Mitbestimmung
- Kompensation von Benachteiligung
- Verbesserung der Vereinbarkeit von Familie und Beruf
- Ausbau qualitativ guter Kinderbetreuung im U3-Bereich

6.4 Gesamtkonzept

Der Rahmen eines umfassenden Konzeptes für die Kindertagespflege gliedert sich in sieben Bereiche:
- Vorwort
- Grundannahme
- Fachliches Konzept
- Organisationskonzept
- Finanzkonzept
- Hilfreiche Materialien
- Zuständigkeiten und Ansprechpersonen

Drei Konzepte bilden das Gesamtkonzept der Fachberatung. Das fachliche Konzept beschäftigt sich mit dem fachlichen Auftrag der Fachberatungsstelle, dem Bild vom Kind, den Bildungsaufgaben für den frühkindlichen Bereich und der fachlichen Methodenwahl, um diese Aufgaben umzusetzen. Das organisatorische Konzept stellt den Aufbau der Fachberatung mit ihren Organisationsstrukturen, Zuständigkeiten, Kooperationen und Leistungen dar. Das finanzielle Konzept stellt den Finanzierungsrahmen dar, durch den die Leistungen der Fachberatungsstellen finanziert werden und die mittel- bis langfristige Planung für die finanzielle Weiterentwicklung der Fachberatungsstelle.

Für eine Fachberatungsstelle sind alle drei Konzepte wichtig, auch wenn sie nicht immer alle erstellt werden. Von der Organisationsform des Trägers, bei dem die Fachberatungsstelle angesiedelt ist, hängt ab, wie viel Transparenz intern und extern besteht. Je mehr Transparenz existiert, desto leichter lassen sich finanziell oder organisatorisch begründete Änderungen, die nicht selten fachlichen Aufgabenstellungen widersprechen, erklären.

Gliederung

Vorwort
Ziel, Sinn, Zielgruppe, Verwendungszweck und Verfasser des Konzeptes

Grundannahme
- Welche fachliche, gesellschaftliche und politische Haltung liegt der Beratung zugrunde?
- Leitbild und Ziele der Fachberatung

Fachliches Konzept
- Formen und Inhalte der Fachberatung
- Gegenstand der Fachberatung
- Zielgruppe der Fachberatung
- Methoden der Fachberatung (Einzelfallberatung/Teamberatung/Dreiergespräche, und weitere Formen)
- Angebote der Fachberatung
- Aufgabenbereiche

Organisatorisches Konzept
- Organisation der Fachberatung
- Personalausstattung
- Arbeitszeitverteilung
- Arbeitsplatzbeschreibung
- Zuständigkeiten
- Weisungsbefugnis
- Berichtswesen
- Vertretungsregelungen
- Materialausstattung
- Anschaffungen
- Schnittstellen zu anderen Trägern
- Aufgaben anderer Träger
- Vertragsgrundlagen
- Fortbildung
- Informationsveranstaltungen
- Öffentlichkeitsarbeit
- Prozessabläufe
- Qualitätssicherung und -entwicklung

Finanzkonzept
- Finanzielle Grundlage der Fachberatung
- Kostenstellen
- Abrechnungen

- Finanzberichte
- Finanzakquise

Hilfreiche Materialien
- Vorlagen
- Verträge
- Vereinbarungen
- Literatur
- Links
- Adressen

Zuständigkeiten und Ansprechpersonen
- Organigramm aller in der Fachberatung Tätigen und für die Fachberatung Verantwortlichen
- Verteilerübersicht für die verschiedenen Personenkreise sortiert nach Informationsniveaus. Personen werden
  - grundsätzlich über alles informiert,
  - in Kenntnis gesetzt,
  - um Kommentar gebeten,
  - um Entscheidung gebeten,
  - zur Rechenschaft gezogen.

Das Fachkonzept beinhaltet den Kernarbeitsprozess einer Fachberatungsstelle und benennt den Beratungsauftrag und die Art und Weise, wie ihm entsprochen wird.

Auf den ersten Blick kommt dem Organisationsaspekt von Fachberatung ein maßgeblicher Teil zu, sodass der Eindruck entstehen kann, dass den anderen Bereichen im Aufgabenspektrum der Fachberatung eine geringere Bedeutung zukommen könnte.

Das täuscht. Je eindeutiger die Organisationsform als Hilfsmittel der fachlichen Aufgabe formuliert ist, desto mehr Zeit bleibt für die fachlichen Aufgaben. Zudem werden Fachberatungsstellen immer Schnittstellen zu anderen Organisationseinheiten haben, an denen viel Zeit für Abstimmungsprozesse und Zuständigkeitsklärungen verloren gehen, wenn diese nicht klar und eindeutig in einem Konzept formuliert werden. Bei Unstimmigkeiten lassen sich in einem gut ausformulierten Konzept die Zuständigkeiten eindeutig klären. Die fachliche Aufgabe einer Fachberatung sollte durch gute und eindeutige Organisationsprozesse unterstützt und verbessert werden. Organisationsformen, die von der fachlichen Arbeit ablenken oder diese sogar erschweren, sind wie Werkzeuge, die man pflegt aber nicht passgenau anwendet. Organisation ist und bleibt das Werkzeug für gute fachliche Arbeit. Wenn sie mehr Zeit und Raum einnimmt als die eigentliche fachliche Aufgabe, muss sie neu überdacht werden.

Eine gute Organisationsform unterstützt zeitlich die fachlichen stets aktuellen Aspekte einer Fachberatung, damit diese ihre Arbeit qualitativ gut machen kann.

Das Fachliche kann sich in einem guten Organisationsrahmen zeitgemäß weiterentwickeln und damit die Zielgruppe der Fachberatung auch zeitgemäß unterstützen.

Das Finanzkonzept ist für die meisten Fachberatungsstellen vorgegeben und nicht frei planbar. Die Fachberatungsstelle bekommt eine feste Summe, mit der sie ihren Aufgaben nachkommen soll. Es ist für jede Fachberatungskraft wichtig die finanziellen Ressourcen mit den personellen Ressourcen so nutzbringend zu verbinden, das der fachliche Auftrag bestmöglich gewährleistet ist. Dazu sind Planungsschritte, wie Aufgaben und Finanzen einander zuzuordnen und in Finanz-Übersichten zu bringen, erforderlich, um den finanziellen Bedarf und seine Entwicklung Entscheidungsträgern gegenüber deutlich zu machen. Fachberatungen, die arbeitsrechtlich so eigenständig sind, dass sie Finanzen selber akquirieren können, brauchen für ihre Arbeit zudem ein internes Finanzakquise-Konzept.

Kein Träger muss sich allein an die Arbeit einer Konzepterstellung machen. In Facharbeitsgruppen können viele Aspekte angesprochen, diskutiert und erarbeitet werden.

Um ein Konzept zu erarbeiten, zu diskutieren und zu überarbeiten, sollte man bei beispielsweise sechs Treffen einer Facharbeitsgruppe im Jahr 12–18 Monate für die Arbeit am Konzept kalkulieren. Das Konzept muss von der Amtsleitung, dem Vorstand und beim öffentlichen Träger vom Rat der Stadt genehmigt werden. Das kann gerade bei Konsequenzen für den wirtschaftlichen Haushalt auch noch länger Absprachen innerhalb einer Stadtverwaltung nötig machen. Es erleichtert deshalb ihre Aufgabe ein Konzept zu erstellen, wenn Sie Ihre Arbeit bei den später beteiligten Abteilungen schon von Anfang an bekannt machen.

Die obige Gliederung kann je nach Bedarf erweitert oder gekürzt werden. Ist eine Fachberatung für Kindertagespflege und Kindertageseinrichtungen zuständig, wird es einige Überschneidungen geben, die abhängig von der Menge zu der Entscheidung führen können, ein Konzept für beide Angebote zu machen. Der Rahmen der Konzepterstellung ist auch dann nutzbar, macht dann aber eine weitere Unterteilung für die Angebote der Kindertagespflege und der der Kindertageseinrichtungen notwendig. Dass eine Fachberatung für sämtliche Angebote im frühkindlichen Bereich zuständig ist, mag in einzelnen Fällen auch vorkommen, bedarf dann aber bei der Konzeptplanung einer weiteren Ausgestaltung und Unterteilung, um die Angebotsformen deutlich voneinander abzugrenzen.

Interview

»Fachberatung ist das Herzstück meiner Arbeit – Gemeinsam sind wir gut«

Dorothea Frey im Gespräch mit der Autorin.

Frau Frey, welche Personen beraten Sie in Ihrer Fachberatungsstelle?

Beratung leiste ich gegenüber den Eltern, Tagesmüttern, dem öffentlichen kommunalen und politischen Feld und gegenüber den Unternehmen. Also ich habe mehrere Zielgruppen und ich sage immer: Fachberatung ist das Herzstück meiner Arbeit.

Nach einem ersten Informationsgespräch in Unternehmen, in dem interessierte Mitarbeiter/-innen über die Leistungen der Familiengenossenschaft insgesamt beraten werden, werden auch Termine für persönliche Beratungsgespräche vereinbart. In einem solchen persönlichen Beratungsgespräch stellen sich folgende Fragen: »Was braucht diese Familie? In welchem Umfeld lebt die Familie?«, so dass ich das richtige, das passgenaue Betreuungsangebot für sie finden kann. Im Alltag entscheidet sich, ob das Betreuungsangebot das Richtige war. Es muss so reibungslos und mit so wenig Stress wie möglich laufen, denn die Eltern sind beide berufstätig und müssen entlastet werden. Die Kinder müssen in Ruhe gebracht und auch abgeholt werden, um den Kindern und den Eltern einen guten Start in den Tag zu ermöglichen. Das ist wichtig.

Auch die Unternehmen berate ich hier, dass sie wissen, worum es in einem solchen Beratungsgespräch geht. Die Beratung ist für die Mitglieder der Familiengenossenschaft kostenlos. Unternehmen müssen zudem wissen, ob ihre Mitarbeiter und Mitarbeiterinnen durch die Familiengenossenschaft unterstützt werden können. Wenn beispielsweise ein Betrieb eine Betreuung der Kinder von Firmenmitarbeitern im Betrieb anbieten möchte, dieser Betrieb aber weit ab von allen Verkehrswegen liegt, muss ich auch schon mal sagen: »Sorry, tut mir leid, da kann ich Ihnen im Moment kein Angebot machen.« Ich kann dann über die dortige Infrastruktur informieren und an andere Anbieter weiterleiten oder für das Unternehmen den Kontakt aufnehmen. Die Beratung ist dadurch sehr vielschichtig.

Es ist zudem meine Aufgabe als Geschäftsführerin weitere Mitgliedsunternehmen für die Familiengenossenschaft zu gewinnen, um die Genossenschaft dauerhaft auf wirtschaftlich gesunde Beine zu stellen.

Wer wird im politischen Umfeld beraten?

Das politische Umfeld berate ich, indem Parteien und Kommunen auf mich zukommen. Sie haben beispielsweise vor, neben den Krippenplätzen auch die Angebote der Kindertagespflege auszubauen und benötigen für die ersten Schritte Beratung. Kommunen wollen zunehmend auch mit Unternehmen zusammenarbeiten und erfragen Erfahrungen, welche die Familiengenossenschaft bereits gemacht hat.

Gibt es Berührungsängste zwischen den öffentlichen Trägern und den Firmen?

Ja es gibt sie, aber immer weniger.

Kann eine Kommune in der Familiengenossenschaft Mitglied werden?

Ja, das ist durchaus möglich.

Was macht die Fachberatung einer Familiengenossenschaft im Besonderen aus?

Ich berate die Kindertagespflegepersonen in Bezug darauf, was es heißt als selbstständige Tagesmutter unter dem Dach der Familiengenossenschaft zu arbeiten. Wir sind nur so gut wie jede/jeder Einzelne in der Genossenschaft ist. Die Genossenschaft muss sich darauf verlassen können, dass jede Person ihr Aufgabengebiet qualitativ gut ausführt. Im Rahmen dieses Qualitätsanspruches mache ich auch unangemeldete Besuche in den Kindertagespflegestellen und schaue mir an, wie der Kindertagespflege-Alltag ganz praktisch aussieht.

Welche Vorteile und Rechte haben selbstständige Tagesmütter in einer Familiengenossenschaft?

Tagesmütter können ihre Dienste über die Genossenschaft den Mitarbeitenden von Unternehmen anbieten, sie können so also leichter Kunden finden. Sie werden bei der Werbung und der einheitlichen Abrechnung der Betreuungsgelder unterstützt. Außerdem werden regelmäßige Supervision und Weiterbildung kostenfrei angeboten.

Das sind Rechte, die einer qualitativ guten Betreuung, Erziehung und Bildung als Pflichten gegenüberstehen. Das Motto: »Gemeinsam sind wir gut« muss immer wieder neu verankert werden. Meiner Erfahrung nach werden Annehmlichkeiten gerne angenommen, die Verpflichtungen müssen aber genauso ernst genommen werden. Die Rechte und Pflichten müssen gerade in der Genossenschaft immer wieder ins Gleichgewicht gebracht werden, um den Sinn und die Aufgabe einer Genossenschaft: »Wir füreinander und miteinander« deutlich zu machen.

Gibt es noch andere Städte, in denen es Familiengenossenschaften für die Kindertagespflege gibt?

Es sind bereits einige Städte und Kommunen aktuell in Planungsgesprächen.

Gibt es ein aktuelles Projekt, welches Sie kurz vorstellen möchten?

Ich bin ganz stolz, dass wir zur Zeit 42 Mitgliedsorganisationen mit über 30.000 Mitarbeitern für die Familiengenossenschaft gewinnen konnten. Ein weiteres Highlight ist die Eröffnung der ersten Kindertagespflegestelle am 7. September 2011 auf dem John-Deere-Gelände. John Deere ist eines unserer Gründungsmitglieder. Ich habe den Eindruck, dass wir hier einen richtigen Geburtenboom ausgelöst haben. Auch in einem technischen Betrieb ist plötzlich die Vereinbarkeit von Familie und Beruf ganz groß geschrieben. Das macht richtig Spaß.

Wie lange existiert die Fachberatung bereits?

Seit dem 15.9.2006 gibt es sie.

Wie groß ist Ihre Fachberatungsstelle?

Wir sind drei Mitarbeiterinnen, eine Person für die reine Fachberatung.

Wie viele aktive Betreuungsverhältnisse werden durch die Familiengenossenschaft betreut?

Vier Kindertagespflegestellen mit 40 Kindern werden von uns aktiv unterstützt und begleitend beraten.

Gelingt der Ausbau der Kindertagespflege?

Meiner Erfahrung nach wird es sehr schwierig werden den Ausbau in der gewünschten Zeit zu realisieren. Ein wichtiger Schritt ist, dass z. B. in Mannheim, seit dem 01.06.2011 die öffentlich gezahlten Betreuungsgelder auf 5,00 Euro pro Stunde erhöht wurden.

Für Eltern ist es nach wie vor schwierig sich in den Strukturen der Kindertagespflege zurechtzufinden, da jede Kommune, bzw. Stadt andere Betreuungsgeldsätze festsetzen kann. Es ist also ein Konglomerat von Zahlungsweisen. Es gibt in unserer Region kaum Absprachen untereinander.

Die Forderungen für die Kindertagespflege auf der Bundesebene können nur eine Initialzündung für die Kommunen sein, umsetzen müssen die Kommunen es mit ihren jeweiligen Möglichkeiten. Wir, als freier Träger, haben zudem immer noch mit vielen Vorurteilen zu kämpfen.

Ihre Fachberatung wird durch die Mitgliedsbeiträge der Familiengenossenschaft finanziert. Ist es geplant, die Fachberatungsstelle auszubauen?

Ja, auf jeden Fall. Wir sehen sehr deutlich den zunehmenden Bedarf.

Bieten Sie für Ihre Kindertagespflegepersonen auch kollegiale Beratungen an?

Wir bieten seit Kurzem auch kollegiale Beratungen für unsere aktiven Tagesmütter an und haben damit sehr gute Erfahrungen gemacht.

Haben Sie noch Leistungen, die Sie anbieten, die Sie erwähnen möchten?

Die Kontinuität in der Betreuung, Erziehung und Bildung der Kinder zu gewährleisten war uns vom Anfang der Familiengenossenschaft an sehr wichtig. Im Sinne der Vereinbarkeit von Familie und Beruf ist das auch ein sehr wichtiger Aspekt für Eltern, dass ihre Kinder in einer kontinuierlichen Betreuungssituation aufwachsen können.

Deshalb war uns auch eine geregelte Ersatzbetreuung wichtig. Das ist in den Betreuungsverträgen auch vertraglich geregelt. In der Familiengenossenschaft sind 2 Ersatzbetreuerinnen angestellt, die im Fall von Urlaub oder Erkrankung für die ausfallende Tagesmutter einspringen können. Wichtig ist, dass die Kinder die Ersatzbetreuerin bereits kennen.

Eine kranke Kindertagespflegeperson ruft mich morgens an und ich sorge dann für die »Ersatz-Tagesmutter«. Eine Krankmeldung sollte so früh wie möglich geschehen, damit wir eine reale Chance haben, eine Ersatzbetreuung zu stellen.

Das kann in einer Krankheitsphase morgens zeitlich schon sehr ausfüllend sein, eine Vertretung zu regeln.

Gibt es Kooperationen für die Kindertagespflege mit anderen Einrichtungen?

Wir kooperieren mit allen Jugendämtern in der Metropolregion Rhein-Neckar.

Die Familiengenossenschaft ist mit dem Gütesiegel ausgestattet, so dass eine verbindliche Kooperation existiert.

Machen Sie regelmäßige Zufriedenheitsabfragen bei den Nutzern der Fachberatungsstelle?

Das machen wir leider noch nicht, das ist aber auf jeden Fall geplant.

Gibt es Qualitätsverfahren, nach denen sie arbeiten?

Wir sind ein AZWV zertifizierter Bildungsträger nach proCum Cert GmbH Zertifizierungsgesellschaft. Das heißt wir haben ein Leitbild und festgeschriebene Qualitätsstandards.

Gibt es eine Zertifizierung für die Fachberatung?

Nein, die gibt es nicht.

Was würden Sie sich wünschen, dass es in der Fachberatung besser laufen kann?

Die freien Träger müssten genauso gefördert werden wie die öffentlichen Träger.

Die Rechtsform der Genossenschaft bietet insgesamt einen sehr guten Arbeitsrahmen bei der Fachberatung. Aufgrund der wirtschaftlichen Ausrichtung müssen jedoch immer auch die nötigen Ressourcen erarbeitet werden.

Ein wichtiges Anliegen ist mir auch die Förderung der – wie man immer noch sagt – »Kinderfrau«, die für Eltern, die sich eine Betreuung in ihren eigenen vier Wänden wünschen, eine ideale Form der Betreuung darstellt.

Einen persönlichen Wunsch habe ich in Bezug auf die Fort- und Weiterbildung von uns Fachberatern, dass es auch für uns mehr Fortbildungsangebote gibt.

6.5 Aufbau eines Konzeptes

Auf dem Deckblatt sollten immer die Dokumentationsdaten des Konzeptes stehen, um es stets schnell erkennen, zuordnen und wieder finden zu können.

Titel:
Ziel:
Zielgruppe:
Verwendungszweck:
Gültigkeit:
Verfasser/-in des Konzeptes:
Erstellungsdatum:
Version:
Ablage:

Beispiel:

Titel:	Fachberatung für Kindertagespflege in Stadt XYZ
Ziel:	Prozesstransparenz und -verbesserung für den Fachberatungsbereich in der Kindertagespflege
Zielgruppe:	Fachkräfte des Jugendamtes XYZ, Fachkräfte der freien Träger im Bereich der Kindertagespflege, Dienstleistungsanbieter im Bereich Beratung, Vermittlung, Begleitung und Qualifizierung von Fachkräften in der Kindertagespflege
Verwendungszweck:	fachliche Arbeitsgrundlage für die internen und externen Dienste des Jugendamtes der Stadt XYZ im Bereich der Kindertagespflege
Gültigkeit:	xx.xx.xxxx bis xx.xx.xxxx
Verfasser/-in des Konzeptes:	Markus Mustermann
Erstellungsdatum:	xx.xx.xxxx
Version:	2. Überarbeitete
Ablage:	c:/dokumente/fachberatung/Konzepte/FB KTPF.doc

Jede Seite des Konzeptes sollte in der Kopf- und Fußzeile die stets gleichen Informationen zu Verfasser/-in und/oder Ansprechpartner/-in für das Konzept, Titel, Ort der Ablage und Datum haben. Damit ist das Konzept stets inhaltlich und von seiner Aktualität einzuordnen und der oder die Verantwortliche für das Konzept sind identifizierbar, wenn Änderungen oder Fragen zum Konzept entstehen. Eine Versionsnummer des Konzeptes ist für den internen Überarbeitungszeitraum sinnvoll, sollte aber bei der Endfassung nicht mehr auftauchen, da es ansonsten zu viel Verwirrung und Nachfragen führt, ob es sich um eine endgültige oder vorläufige Version handle. Jede Seite eines Konzeptes in der vorläufigen wie in der endgültigen Version sollte eine fortlaufende Seitennummerierung besitzen, damit Absprachen über das Konzept leichter und eindeutig möglich sind.

Stellen Sie sich vor, dass drei Versionen eines Konzeptes von hundert Seiten quer durch den Raum wirbeln und Sie den Anspruch haben, dass Sie jede einzelne Seite beim Sortieren wieder richtig zuordnen und jede Konzeptversion in die richtige Reihenfolge bringen wollen.

Das Vorwort

Der Sinn eines Konzeptes für die Fachberatung liegt darin, etwas transparent zu machen, um ihre Aufgaben und Betätigungsfelder bekannt zu machen und zu anderen Aufgabenfeldern abgrenzen zu können. In einem Deckblatt sollte schnell und übersichtlich deutlich werden, was der Gegenstand des Konzeptes ist, für wen, wie lange und ab wann es gedacht ist und wo und wie das Konzept auffindbar ist.

Im Vorwort des Konzeptes wird unmittelbar zu Anfang die Ausrichtung des Konzeptes genannt. Welches Ziel hat das Konzept? Dient es zur Vorlage in Ausschüssen, um die Arbeit der Fachberatung schriftlich darzulegen oder soll es im Rahmen eines Qualitätssiegels allen Beteiligten und Interessierten zugänglich sein? Durch die Nennung des Ziels kann die Gewichtung der einzelnen Schwerpunkte: Fach-, Organisations- und Finanzkonzept erheblich variieren.

Die Zielgruppe für das Konzept sollte im Vorwort deutlich genannt werden. Sie wird sich in vielen Fällen aus dem Ziel des Konzeptes ergeben, es sollten hier genau die Stellen und Personengruppen, denen das Konzept übergeben, zugesandt oder einsehbar gemacht werden soll, genannt werden. Zu unterscheiden sind dabei Zielgruppen, die mit dem Konzept arbeiten, die es zur Kenntnis in ihrer Ablage vorliegen haben müssen und die es einsehen können sollen. An diesem Konzeptpunkt wird sehr schnell deutlich, welche Konzeptbereiche für den internen Gebrauch und welche für den externen Gebrauch der Einfachheit halber vielleicht sogar ins Internet gestellt werden können. Wenn die Zielgruppen des Konzeptes sehr heterogen sind, ist es sinnvoll, ein Arbeitskonzept für den internen Gebrauch und ein Fachberatungskonzept für den externen Gebrauch zu erstellen um die Arbeit nach außen hin sichtbar und nachvollziehbar zu machen. Wichtig für einen reibungslosen Arbeitsablauf ist, dass diese Konzepte aufeinander aufbauen und keine Widersprüche erzeugen. In einem solchen Fall ist es hilfreich mit einem Konzept anzufangen und das andere daraus abzuleiten. Der Aspekt des Verwendungszwecks wird dabei jedem Beteiligten deutlich und im Vorwort genau benannt, ob es als Grundlage für interne oder externe Fachberatungszwecke dient. Bei der Neuerstellung eines Konzeptes geht es auch um die Neuausrichtung der fachlichen Arbeit. Ab welchem Zeitpunkt diese verbindlich stattfinden soll, wird unter dem Punkt »Gültigkeit« mit einem Datum benannt.

Wird das Konzept für die Fachberatung im Rahmen eines befristeten Projektes erstellt, wird der Gültigkeitszeitraum hier angegeben. Die Aspekte Verfasser/-in des Konzeptes, Erstellungsdatum, Version und Beschaffung dienen dazu, das Dokument von der Herkunft, der Aktualität und Ablage her einzuordnen, es einsehen und überarbeiten zu können.

Die Grundannahme

Oft wird dieser Punkt auch mit Leitbild oder Position betitelt. Grundannahme vermittelt vom Begriff eher ein Verständnis von Basis oder Grundlage für das Konzept. Das Leitbild steht für das generelle Selbstverständnis einer Organisation und die Position gibt einen Standpunkt wieder, der sich in der Regel von anderen Standpunkten abhebt. Da meist jede Organisation ein Leitbild hat, welches sie verschriftlicht hat, muss hier nicht alles neu gedacht – vielleicht in dem ein oder anderen Fall überdacht – werden. Zur Entwicklung eines Leitbild-Konzepts finden Sie Literatur im Anhang.

In der Grundannahme werden alle Voraussetzungen genannt, die dem Konzept inhaltlich und fachlich zugrunde liegen. Es geht bei der Fachberatung für Kindertagespflege darum, welche Vorstellung von frühkindlicher Betreuung, Erziehung und Bildung dem Vorgehen in der Beratung zugrunde liegt. Diese Grundannahme sollte durch alle Konzeptteile wie ein »roter Faden« sichtbar sein und das Ziel der Fachberatung inhaltlich und fachlich untermauern. Damit ein Konzept in der Praxis auch umgesetzt wird und alltagstauglich ist, sollten die Grundannahmen sich an den Bedürfnissen und den Rechten von Menschen und der Umsetzbarkeit in der Fachberatung orientieren, so dass sich die Fachkräfte in der Fachberatung mit ihnen identifizieren können.

Fachliches Konzept

Die Kindertagespflege wird durch Fachberatungsstellen in vier Bereichen unterstützt: die fachliche Beratung, die Vermittlung von Betreuungsverhältnissen, die Begleitung der Betreuungsverhältnisse bei Problemen, Schwierigkeiten oder Änderungen und der Qualifizierung der Fachkräfte für Kindertagespflege. Diese Funktionen unterscheiden sich in Form und Inhalt dadurch, dass in der Beratung, Begleitung und Vermittlung die Fachberatungsstelle die Schnittstelle für Eltern und Fachkräfte für Kindertagespflege ist, während in der Qualifizierung die Fachberatung den Fachkräfte für Kindertagespflege ist Grundqualifizierung und Fort- und Weiterbildungsangebote anbietet, welche die Voraussetzung für die Ausübung der Kindertagespflege sind.

Das fachliche Konzept sollte immer das Herzstück eines Gesamtkonzeptes für Kindertagespflege sein, weil in ihm die Methoden, die Angebote und Aufgabenbereiche inhaltlich und fachlich so ausführlich beschrieben sein sollten, dass das Bild vom Menschen allgemein und vom Kind speziell nachvollziehbar ist. Fragen wie, was frühkindliche Bildung ist, wie sie umgesetzt werden soll, wie Fachkräfte auf diese Aufgabe vorbereitet und dazu aus- und fortgebildet werden, sollten für jeden verständlich erklärt werden.

Jedem Mitarbeiter sollte es mit Hilfe des fachlichen Konzeptes leicht fallen, die Grundlagen von Betreuen, Erziehen und Bilden in der Kindertagespflege in Beratung, Vermittlung, Begleitung und Qualifizierung an die Nutzer der Fachberatung zu vermitteln.

Rechtliche Beratungsthemen, Änderungen im fachlichen Vorgehen und Neuerungen sind Informationen, die alle Zielgruppen der Fachberatung betreffen.

Durch Newsletter, eine Homepage, auf die aktuelle Informationen eingestellt werden können, aktuelle Infoflyer oder Social-Media-Netze wie Twitter oder Facebook können solche Informationen für alle aufbereitet werden. Die Fachberatung kann dadurch zeitlich entlastet werden und gewinnt mehr Zeit für spezifische Einzelprobleme. Für diese gibt es verschiedene Formen der Beratung wie die Einzelberatung, Teamberatung oder das Dreiergespräch. Alle Formen sollten den Fachberatern bekannt und fachlich beschrieben sein. Für eine qualitativ gute Beratung sollte jedem verständlich sein, wie beraten, vermittelt, begleitet und qualifiziert werden soll und wie gewährleistet ist, dass alle Funktionen von allen Beteiligten gekannt und verstanden werden. Informations-, Fort- und Weiterbildungs-Veranstaltungen dienen dazu alle Beteiligten immer wieder auf den neuesten Stand zu bringen. Wie diese fachlich geplant und ausgeführt werden sollen und welche Zielgruppen wann und wie zusammen oder getrennt informiert werden, muss für alle, die für deren Ausführung verantwortlich sind, bekannt sein. Die Aufgabenbereiche aller Mitarbeiter müssen festgeschrieben, prozentual nach fachlicher, organisatorischer und finanztechnischer Aufgabe gewichtet werden und als Grundlage für eine Arbeitsplatzbeschreibung dienen. Ob in der Fachberatung nur beraten wird oder auch andere organisatorische und finanztechnische Aufgaben zu erledigen sind, hängt sehr von den Personalressourcen, die ein Träger für die Kindertagespflege vorhalten kann, ab.

Fachliche Konzepte, die einer sehr heterogenen Gruppe als Arbeitsgrundlage zur Verfügung gestellt werden sollen, können auch aus einem Kernkonzept bestehen, zu dem es mehrere Unterdokumente gibt, die nur an die Personen ausgehändigt werden, die es betrifft. So ist eine Arbeitsplatzbeschreibung ein spezifisches Dokument, welches für einen Stelleninhaber und seinen Vorgesetzten interessant ist, jedoch nicht für den gesamten Fachausschuss eines Jugendamtes. In einem fachlichen Konzept lässt sich das lösen, indem die Zuständigkeit für die einzelnen Aufgaben dargestellt werden, die arbeitsplatzspezifischen Dokumente jedoch nur genannt oder referenziert werden und der Zugang zu diesen Dokumenten nur ausgewählten Personen ermöglicht wird. Ein Hauptdokument sollte das Kerndokument und die Bezüge zu den spezifischen Unterdokumenten übersichtlich darstellen, so dass die Struktur der Dokumentablage leicht ersichtlich ist.

Organisatorisches Konzept

Das organisatorische Konzept sollte die Ziele und Leitgedanken des fachlichen Konzeptes in seiner Struktur und seinem Praxisbezug widerspiegeln. Die Organisation dient als Rahmen und Dienstleistung für die Fachlichkeit. Sollte eine Organisation die Fachlichkeit behindern, erschweren oder unmöglich machen, kann es nicht die richtige Organisationsform sein. Sie sollte dann sehr zeitnah überdacht und geändert werden. Sätze wie: »Das war schon immer so« oder »Das ist eben so« sind keine Argumente, sondern Ausdruck von Gleichgültigkeit oder Resignation. Schwierigkeiten bei Organisationsänderungen sind kein Grund eine Änderung heraus zu zögern oder sogar zu verhindern. Ein Organigramm zum Aufbau der Fachberatung, wenn möglich sogar mit Bildern der Personen, die in den einzelnen Bereichen der Organisation arbeiten und zuständig sind, schafft einen guten Überblick, wenn es darum geht einen Ansprechpartner in der Fachberatung zu finden und erleichtert es, die Organisation immer wieder neu zu überdenken, wenn sie nicht mehr ausreichend die fachlichen Anforderungen erfüllen kann.

Für Ratsuchende außerhalb der Fachberatung sind andere Darstellungen von Zuständigkeiten wichtig als für Mitarbeiter der Fachberatung. Um unnötigen Doppelaufwand zu vermeiden, ist es sinnvoll ein Gesamtorganigramm zu erstellen, welches alle Informationen der Organisation enthält, aus dem aber interne Informationen ausgeblendet werden können. So ist die Zuständigkeit für ein internes Berichtswesens für Eltern oder Kindertagespflegepersonen nicht interessant. Wer jedoch der Ansprechpartner für den Bezirk ist, in dem die Kindertagespflege stattfindet, sollte allen aus einem Organigramm schnell und leicht ersichtlich werden. Interne Prozessabläufe wie Materialbeschaffung, Arbeitsplatzgestaltung und Personalfragen sind ebenfalls Informationen, die nur intern transparent sein sollten. Vernetzungspartner in der Kindertagespflege, Informationsveranstaltungen und Qualitätsentwicklung sollten wiederum intern und extern transparent sein. Um eine gut funktionierende Organisation in der Fachberatung für Kindertagespflege zu haben, wird es intern immer mehr Absprachen, Prozessbeschreibungen und Übersichten geben, damit externe Informationen intern allen bekannt und von allen auch unterstützt werden können.

Eine gute Organisation bleibt im Hintergrund, unterstützt alle Betroffenen und schafft optimale Transparenz.

Entscheiden Sie für jede Personengruppe, die mit der Fachberatung in Kontakt kommt, welche Rolle Sie für diese spielen und leiten Sie daraus ein Informations-Portfolio ab, welches jede einzelne Personengruppe benötigt. Damit beginnt die Arbeit der Öffentlichkeitsarbeit. In vielen Konzepten findet man die Öffentlichkeitsarbeit als separaten Gliederungspunkt. Das liegt daran, dass sie häufig nicht von der Fachberatungsstelle selber umgesetzt wird. Entweder gibt es eine Abteilung für Öffentlichkeitsarbeit, welche die Prozesse und Form der Informationsaufbereitung vorgibt oder eine externe Firma wird mit der Aufgabe der Öffentlichkeitsarbeit für die Fachberatung beauftragt. In beiden Fällen bleibt die Informationsbeschaffung Aufgabe der Fachberatungsstelle, da sie aus den fachlichen und organisatorischen Informationen ihrer Stelle eine Zusammenstellung an Materialien auswählen wird, welche veröffentlicht werden können. Damit ist die Öffentlichkeitsarbeit unabhängig davon, ob sie eigenständig oder mit Hilfe eines Zulieferers umgesetzt wird eine organisatorische Aufgabe innerhalb der Fachberatung für Kindertagespflege. Zur Öffentlichkeitsarbeit in der Kindertagespflege gibt es eine Handreichung des Tagespflegebüros Niedersachsen, welche einen guten Einstieg in die Welt der Öffentlichkeitsarbeit bietet.

Finanzkonzept

Land, Kommune und Eltern tragen in der Regel die Kosten eines Betreuungsplatzes in der Kindertagespflege. Wie hoch sie sind, hängt von verschiedenen Faktoren ab und ist von Land zu Land und von Kommune zu Kommune unterschiedlich. Das Land formuliert in seinem Landesausführungsgesetz in Anlehnung an das Kinder- und Jugendhilfegesetz (achtes Sozialgesetzbuch) die Regelungen für die Kindertagespflege. Zum Finanzierungs- und Regelungsbereich auf Landesebene gehört die Sachmittelförderung für die Fachberatung, -vermittlung und Praxisbegleitung der Kindertagespflege, eine landesspezifische Vergütungsregelung für Kindertagespflegepersonen, die finanzielle Beteiligung an der Ausgestaltung der Kindertagespflege und gegebenenfalls die Beteiligung an der Finanzierung der Qualifizierung von Kindertagespflegepersonen. Mit Hilfe der Jugendhilfeplanung, Statistiken und der Haushaltsplanung der Kommunen wird die Finanzierung in den Kommunen geregelt. In welcher Höhe die Kostenbeiträge der Eltern ausfallen ist meist vom Einkommen der Eltern abhängig. Bei geringem oder gar keinem Einkommen kann auch das zuständige Jugendamt die Kosten vollständig übernehmen. Die Gelder aus Landes- und Kommunalmitteln sind Steuergelder, über die in Haushaltsdebatten immer wieder neu entschieden wird. Die Kostenbeiträge der Eltern sind private Mittel, deren Höhe im § 90 Abs. 1 SGB VIII geregelt ist. Die Arbeitsgemeinschaft der Jugendämter der Länder und der Landesjugendämter haben dazu eine Empfehlung herausgegeben, welche die Berechnung der Elternbeiträge regelt. Durch das Aktionsprogramm Kindertagespflege sind finanzielle Mittel der Europäischen Union in den Ausbau der Kindertagespflege geflossen. Mögliche Fördermittel müssen immer wieder recherchiert und zeitnah beworben werden. Nicht alle Fördermittel sind für jede Organisationsform geeignet. Neben Fördergeldern, die nur für öffentliche Träger gedacht sind, gibt es Fördermittel, die nur für freie Träger vorgesehen sind. Die Fachberatung in der Kindertagespflege muss sich zuerst ein Bild von den Geldsummen machen, die sie im jeweils konkreten Fall verwaltet, bevor sie ein Finanzkonzept entwickeln kann.

Sind die Summen bekannt, muss zu deren Verwaltung ein Kostenstellenplan erstellt und Kostenarten festgelegt werden um Abrechnungen vornehmen zu können. Die Finanzberichte machen deutlich, ob effektiv und effizient in der Fachberatung gearbeitet wird und ob die Akquise weiterer Geldmittel nötig ist.

Das Finanzkonzept beschreibt, wie Sie in der Fachberatung Material- und Personalkosten dokumentieren, steuern und kontrollieren und zeigt auf, wie Sie einen Finanzplan erstellen, dieser genehmigt und in seiner Ausführung überwacht wird. Das Finanzkonzept stellt auch dar, welchen Stellen gegenüber Rechenschaft abgegeben werden muss und welche Stellen wann in welcher Form über die Finanzen informiert werden müssen.

Das Gesamtkonzept öffentlicher und freier Träger wird sich gerade in Bezug auf das Finanzkonzept am meisten unterscheiden, da sich die Finanzierungsarten der freien Träger von der Finanzierung über kommunale Mittel bis hin zu privat finanzierten Stellen gestalten können.

Hilfreiche Materialien

Die für die fachliche Arbeit benötigten Formulare, Vordrucke, Verträge, Empfehlungen und Arbeitsanweisungen stellen eine Sammlung von Materialien dar, mit denen Sie regelmäßig und häufig arbeiten. Auf diese Unterlagen können Sie im Konzept verweisen oder sie im Anhang an das Konzept anfügen. Da nicht jeder der das Konzept erhält diese Unterlagen benötigt, kann das Konzept auch je nach Benutzergruppe mit oder ohne diesen Anhang ausgegeben werden. Der Vollständigkeit halber sollte die Existenz dieser Unterlagen zumindest im Konzept erwähnt werden.

Zuständigkeiten und Ansprechpartner/-innen

Für ein Gesamtkonzept gibt es verschiedene Verantwortliche. Die Person, welche das Konzept erstellt hat, muss nicht zwangsläufig die Person sein, die das Konzept verantwortet oder über die Umsetzung des Konzeptes entscheidet. Es ist deshalb für die Zielpersonen des Konzeptes wichtig, die unterschiedlichen Zuständigkeiten aus dem Konzept herauslesen zu können und die passenden Ansprechpartner/innen genannt zu bekommen. Deren Rolle, Erreichbarkeit, Telefonnummer und Mailadresse sollten als Angaben im Konzept zu finden sein.

6.6 Passgenau für die Bedürfnisse einer Kommune

Je genauer das Konzept für die Fachberatung in der Kindertagespflege formuliert wird, desto leichter lässt sich in Zweifelsfällen der Sachverhalt durch das Konzept klären oder feststellen, dass das Konzept noch überarbeitet werden muss, weil es den Bedürfnissen in der Kommune nicht gerecht wird.

Wichtig ist es deshalb einem Konzept auch eine gewisse Probelaufzeit einzuräumen, um unerwartete Probleme zu überdenken und sowohl in der Praxis durch Alternativlösungen als auch im Konzept durch eine Überarbeitung der nicht ganz passgenauen Lösungen gegenzusteuern.

Das Konzept dient zur leichteren Lösung von Problemen und sollte nicht Probleme verursachen. Ein gutes Konzept bewährt sich in der Praxis, wenn es in gut 80% der Anwendungsfälle unterstützend wirkt. Fachberatung sollte eine Unterstützungsleistung sein und keine Kontrollinstanz, die ausschließlich fachliche Standards misst.

Die Erstellung eines Konzeptes ist ein wichtiger Schritt in Richtung Professionalität, damit Ihre Arbeit nachvollziehbar, transparent und wenn sie gut ist, wiederholbar ist. Ein Konzept gibt inhaltliche und organisatorische Sicherheit, erlaubt eine regelmäßige Ausrichtung auf die gesetzten Ziele, beschreibt die Leitgedanken Ihrer Arbeit, unterstützt ihre entwickelnde Qualitätsarbeit, dient als wichtige Unterstützung ihrer Beratungsarbeit und spiegelt ihre Kooperationsbereitschaft mit anderen Trägern wider.

Interview

»Kindertagespflege ist Beziehungsarbeit – Gute Qualität entsteht, wenn Menschen sich kennen und vertrauen«

Babara Plänitz im Gespräch mit der Autorin.

Wie lange existiert Ihre Fachberatungsstelle für Kindertagespflege?

Die Fachberatung existiert seit Juni 2003, alles zuvor haben wir ehrenamtlich gemacht, offiziell existieren wir seit Juni 2003.

Wie groß ist Ihre Fachberatungsstelle? Wie viele Mitarbeiter haben Sie?

Wir haben damals mit 10 Stunden in der Woche angefangen, aktuell bekommen wir 32 Stunden durch den Landkreis, 3 Stunden durch die Gemeinden und 14 Stunden durch das Aktionsprogramm finanziert. Wir verfügen also über 49 Fachkraftstunden in der Woche. Die Gemeinden finanzieren darüber hinaus noch 4 Stunden für Sachbearbeitungsleistung.

Sie beraten demnach einen Landkreis? Das erfordert sicherlich ganz andere Absprachen, als wenn Sie nur eine Kommune beraten.

Wir arbeiten mit dem Kreisjugendamt eng zusammen und nutzen die Synergie-Effekte unserer jeweiligen Fachberatungsstruktur. Unsere spezielle Zuständigkeit für fünf von 18 der Kommunen lässt sich aus der Historie erklären. Durch die Zusammenlegung zweier Landkreise zum Anfang 2008 trafen zwei unterschiedlich gewachsene Strukturen aufeinander. Das führte im Oktober 2008 dazu, dass unsere Fachberatungsstelle im Rahmen der Zusammenlegung von Zuständigkeiten aufgelöst werden sollte. Das konnten wir so natürlich nicht stehen lassen und durch langwierige Verhandlungen kam es dann zum 1.1.2009 zu der Struktur, die wir nun haben. Heute ist unsere Fachberatung in Radebeul für fünf Kommunen zuständig und kreisweit bieten wir die gesamte Qualifizierung für die Kindertagespflege an.

Wie viele aktive Betreuungsverhältnisse werden durch Ihre Stelle betreut?

Wir beraten 138 Betreuungsverhältnissen in enger Zusammenarbeit mit dem Kreisjugendamt.

Gelingt der geplante Ausbau der Betreuungsverhältnisse in Ihrer Kommune?

Für die fünf von uns betreuten Kommunen kann ich das bejahen.

Ist es geplant, die Fachberatungsstelle mit dem Ausbau der Betreuungsverhältnisse auch auszubauen?

Dazu gibt es Ansätze, aber leider keine konkreten Pläne.

Könnten Sie kurz die Aufgaben und die Struktur Ihrer Fachberatungsstelle darstellen?

Wir sind zwei Mitarbeiterinnen: ich selber als Projektleitung mit 31 Stunden und meine Kollegin mit 18 Stunden. Wir sind eine zentrale Anlaufstelle für Eltern und Kindertagespflegepersonen. Wir beraten und begleiten beide Gruppen, machen die Öffentlichkeitsarbeit und die Anwerbung von Kindertagespflegepersonen und vermitteln sie in passgenaue Betreuungsverhältnisse. In Zusammenarbeit mit SONNENAU Kinderbetreuung in Tagespflege Dresden e. V. bieten wir die ersten 30 Unterrichtsstunden des DJI-Curriculums an und organisieren die weiterführenden Kurse nach dem DJI-Curriculum kreisweit. Wir bieten begleitende Fort- und Weiterbildung an, geben Anregungen an das Kreisjugendamt und beteiligen uns an den Hausbesuchen bei den tätigen Kindertagespflegepersonen. Durch das Aktionsprogramm haben wir uns auch neuen Aufgaben gestellt: der Kooperation mit Kitas und der Ersatzbetreuung in der Kindertagespflege. Das sind aktuelle Projekte, die wir umsetzen.

Haben Sie Kooperationspartner, die Teile der Fachberatung ausführen?

Für uns ist das Kreisjugendamt ein Kooperationspartner, mit dem wir uns eng absprechen.

Das Kreisjugendamt ist auch in unseren fünf Kommunen für die Bedarfsplanung, die teilweise Finanzierung der Beratungs- und Vermittlungsstelle und die Vergabe der Pflegeerlaubnis zuständig. Weitere Kooperationspartner sind die vier Projektpartner/innen unseres Vereines »Familieninitiative e. V.«, die mit ihren Projekten mit uns unter einem Dach sitzen. Auch hier nutzen wir die Synergien, die wir durch die Nutzung eines Hauses haben.

Wie und wo gibt es Absprachen zwischen den Kooperationspartnern?

Mit dem Kreisjugendamt und den Gemeinden haben wir einmal im Jahr eine offizielle Sitzung, in der sich alle Zuständigen treffen. Einmal im Jahr ist die Kindertagespflege Thema im Jugendhilfeausschuss, an dem wir teilnehmen. Pro Monat treffen wir uns einmal mit dem Kreisjugendamt für die gemeinsamen Hausbesuche und zur Absprache aller anfallenden strukturellen Fragen. Durch die gemeinsamen Hausbesuche haben die Mitarbeiter/-innen des Kreisjugendamtes und wir regelmäßige Gelegenheiten vor und nach den Besuchen inhaltliche Absprachen und Vereinbarungen zu treffen.

Unser Verein Familieninitiative Radebeul e. V. hat seit 1994 ein Familienzentrum errichtet. Derzeit sind unter diesem Dach vier Projekte: Demenz- und Seniorenbegleitung, das Mehrgenerationenhaus mit seinem Café, die Familienbildung und die Kindertagespflege. Wir kooperieren natürlich auch untereinander, sprechen uns gut ab und nutzen gegenseitig die entstehenden Synergieeffekte.

Machen Sie eine regelmäßige Zufriedenheitsabfrage bei den Nutzern der Fachberatungsstelle?

Vor zwei Jahren haben wir mit einer ersten Zufriedenheitsabfrage in Bezug auf die Fachberatungsstelle begonnen, 2012 werden wir die nächste machen.

In der Erprobungsphase des Bildungscurriculums zur Umsetzung des Sächsischen Bildungsplanes in der Kindertagespflege haben wir ganz eng befragt, regelmäßig bei jeder Fortbildung.

Die passgenaue Vermittlung ist ein Kernstück unserer Arbeit, dadurch sind wir sehr nah an den Kindertagespflegepersonen und auch an den Eltern. Durch die fachliche und organisatorische Begleitung sind wir auch bei Problemen und Streitfällen unmittelbar ansprechbar und können direkt helfen. Die Zufriedenheit oder die Unzufriedenheit unserer Beratungsgruppen bekommen wir so auch unmittelbar mit.

Gibt es ein Qualitätsverfahren, nach dem Sie arbeiten?

Wir haben seit zwei Jahren ein Qualitätskonzept, welches wir aufgrund der praktischen Arbeit entwickelt haben. Gute Qualität entsteht in der Kindertagespflege unserer Ansicht nach, wenn Menschen sich kennen und vertrauen. Kindertagespflege ist Beziehungsarbeit. Uns liegt sehr viel an der passgenauen Vermittlung. Diese ist nur möglich, wenn sich die Beteiligten gut kennen und auch vertrauen.

Was brauchen Sie um Ihren gesetzlichen Auftrag noch besser zu erfüllen?

Mehr Wertschätzung für die Kindertagespflege, ein anerkannteres Berufsbild für die Kindertagespflege. Es muss noch mehr auf das Kindeswohl geschaut werden. Das entsteht für mich in einem regelmäßigen und stetigen Dialog, der in Sachsen gerade landesweit entsteht. Eine vom Landesministerium zusammengeführte Arbeitsgruppe für Kindertagespflege entwickelt Qualitätskriterien, die landesweit umgesetzt werden sollen.

Das ist eine gute Sache, hier kann im Dialog etwas wachsen, von dem alle für ihre Arbeit in der Kindertagespflege profitieren können.

Gibt es Aufgaben, die Sie in Zukunft auslagern wollen?

Das erscheint uns nicht wirklich sinnvoll. Es ist für die Fachberatung gut, dass Beratung und Qualifizierung nah beieinander liegen und sich gegenseitig fachlich unterstützen, dass beides aus einer Hand kommt. Die Begleitung der praktischen Arbeit wird dadurch erleichtert und verbessert, dass man sich gut kennt. Wir wollen nicht kontrollieren, wir wollen unterstützen, dass gute Arbeit möglich ist. Das ist wichtig! Dadurch wird Vertrauen geschaffen und der Dialog zwischen den Beteiligten zu einer unterstützenden Begleitung.

Was wünschen Sie sich für eine qualitativ gute Fachberatung?

Ich wünsche mir mehr Transparenz zwischen den öffentlichen Trägern im Kreis und allen an der Kindertagespflege Beteiligten. Damit verbunden wäre auch ein intensiverer Austausch der Fachberater untereinander wünschenswert. Ein Personalschlüssel von einer Fachberatung zu 100 Kindern finde ich erstrebenswert. Zudem wünsche ich mir mehr Fort- und Weiterbildungsangebote für Fachberater/-innen. Das sind so aktuell meine Wünsche.

7. Die Chance des Neuen

»Es ist nicht Deine Schuld, dass die Welt so ist, wie sie ist. Es wär nur Deine Schuld, wenn sie so bleibt.« (Die Ärzte)

In der qualitativ guten Ausgestaltung der Fachberatung für Kindertagespflege liegt eine große Chance für die frühkindliche Bildung. Fachberater/-innen können als Multiplikatoren eines zeitgemäßen Bildungsbegriffes Kindertagespflegepersonen und Eltern in ihrem Bemühen um eine gute frühkindliche Betreuung, Erziehung und Bildung unterstützen.

Als Fachberater/-innen können Sie sich neue Wege ausdenken und einschlagen. Die Vielfalt an Möglichkeiten, die sich durch die Vielfalt der Eltern und Kindertagespflegepersonen ergibt, können Sie nutzen um die unterschiedlichsten Projekte und Maßnehmen anzustoßen, an denen sich alle gerne beteiligen, weil sie sich durch Ihre Begeisterung anstecken lassen und sich durch selbstbestimmtes Handeln in einer Gruppe aufgehoben und gebraucht fühlen. Ihrer Kreativität ist keine Grenze gesetzt. Nutzen Sie das Netzwerk Kindertagespflege. Werden Sie zu Architekten der unterschiedlichsten Kooperationen.

7.1 Arbeit in der Kooperation

Allerorten wird man mit dem Wort »Kooperation« konfrontiert. Sei es, dass man von der Kooperation Jugendamt und Verein spricht oder der Kooperation zwischen Kindertageseinrichtung und Kindertagespflege.

Da entstehen viele Ideen aber auch viele Berührungsängste zwischen den Angebots- und Betreuungsformen.

Unter *Kooperation* versteht man eine Zusammenarbeit, bei der die Handlungen und Vorgehensweisen zweier oder mehrerer Personen oder auch Systeme zum Nutzen aller an der Kooperation beteiligten Personen oder Systeme führt.

Viele Kooperationen, die sich so nennen sind nicht wirklich Ko-operationen, sondern Operationen zum Besten einer Seite der Beteiligten. Es wird operativ vorgegangen aber nicht gemeinsam, sodass zum einen das Potenzial der Partner nicht wirklich genutzt wird und zum anderen die Unzufriedenheit mindestens einer Seite vorprogrammiert ist.

Kooperationen können unter zwei sehr unterschiedlichen Aspekten entstehen:

1. Es soll etwas Neues durch die Kooperation geschaffen werden, was durch einen Kooperationspartner alleine nicht zu bewerkstelligen wäre. Man spricht hier auch von Synergie-Effekten, die nur im Zusammenschluss entstehen können (synergetische Kooperation).
2. Das Potential, die Arbeitsabläufe und Prozesse der Kooperationspartner werden zusammengefasst, um einen optimierenden Effekt für bereits bestehende Arbeitsvorgänge zu erhalten (additive Kooperation).

Damit Kooperationen gelingen, müssen alle Beteiligten über die Ziele, Aufgaben und Prozessabläufe Bescheid wissen. Der Umgang in der Kooperation sollte wertschätzend und offen sein. Darüber hinaus sind die Voraussetzungen für eine gelingende Kooperation:

1. Keiner der Kooperationspartner sollte weder kurz-, mittel noch langfristig einen Nachteil durch die Kooperation erfahren.
2. Das Profil und Betätigungsfeld der Kooperationspartner sollte jedem der Partner sehr deutlich sein. Nicht nur das Profil des Partners, sondern auch das eigene sollte klar abgegrenzt und darstellbar sein.
3. Die Erwartungshaltungen der einzelnen Kooperationspartner sollten von Anfang an klar und präzise benannt, verhandelt und in einem Vertrag mit Rechten und Pflichten festgehalten werden.

Mögliche Formen einer Kooperation:

- **Gelegenheitsgesellschaften** sind Kooperation auf gemeinsame Rechnung, meist in der Rechtsform der Gesellschaft bürgerlichen Rechts anzutreffen.
- **Interessensgemeinschaften** sind Kooperationen, die sich unter den unterschiedlichsten Aspekten zusammenschließen, und finden sich in der Form des **Vereins** oder, wenn sie ihren Beteiligten den ökonomischen Nutzen unmittelbar zukommen lassen wollen, in den **Genossenschaften** zusammen.
- **Kartelle** sind Kooperationen mit dem Ziel voneinander unabhängiger Unternehmen Wettbewerb durch wirtschaftliche Aktivitäten zu verhindern oder zu beschränken.
- **Gemeinschaftsunternehmen** – auch als **Joint Venture** bekannt – sind Kooperationen, bei denen es zum Zusammenschluss zweier voneinander unabhängiger Gesellschaften zu einer neuen, rechtlich selbstständigen Geschäftseinheit kommt. Beide bringen zu klar definierten Bedingungen Kapital, Technologie, Betriebsanlagen, Marktkenntnisse, fachliche, rechtliche und organisatorische Kenntnisse ein. Die Autonomie der Partner ist in einer solchen Gesellschaftsform genauso wichtig wie die Kooperation selber.
- Eine **Symbiose** ist das Zusammenleben verschiedener Arten, bei der die Kooperationspartner einen gegenseitigen Nutzen haben.
- **Netzwerke** sind verschiedene Formen öffentlich-privater Kooperation, die sowohl zentral als auch dezentral organisiert sein können und die ein lang- aber auch kurzfristiges Anliegen haben können. Der Austausch von Ressourcen zwischen den beteiligten Akteuren ist zentraler Bestandteil solcher Kooperationen. Die Rechtsformen der einzelnen Netzknoten spielt keine Rolle.

Eine erfolgreiche Kooperation wird verhindert durch:

- Zwangskooperationen, die von Personen angeordnet werden, die nicht in der Kooperation arbeiten,
- mangelnde Informationen über den Kooperationspartner,
- Konkurrenzgedanken, die nicht genannt werden und unterschwellig die Kooperation belasten,
- mangelnde Transparenz der Arbeitsbereiche und Zuständigkeiten innerhalb der Kooperation,
- Unaufrichtigkeit der Kooperationspartner gegeneinander,
- einseitiges Nutznießen, bei dem nur einer der Kooperationspartner einen Nutzen aus der Kooperation zieht,
- Zielkonflikte, die einen der Kooperationspartner oder sogar alle unter Druck setzen.

> Wenn nicht alle an einem Strang ziehen, lässt sich Kooperation nur mit »Machtmitteln« wie beispielsweise: Drohungen, Bestrafungen erreichen. Doch wenn die Zusammenarbeit der Mitarbeiter immer und immer wieder von Erfolg gekrönt ist, entsteht allmählich ein Konsens.
> (Clayton M. Christensen)

Das Thema »Kooperation« in den Kommunen ist nicht nur mehr ein Schlagwort, sondern vielmehr Alltagspraxis und -kampf. Es gibt zum einen Kooperationen zwischen den öffentlichen und freien Trägern, aber auch Kooperation zwischen Kindertagespflege und Kindertageseinrichtung.

Viele Kooperationen entwickeln sich neu oder führen zu flächendeckend neuen Strukturen. Die Kindertagespflege befindet sich im Ausbau, neue Ideen, Konzepte, Vorgehensweisen und Vielfalt ist gefragt.

Öffentliche und freie Träger in den Kommunen

Die Kindertagespflege hat durch die Gesetzesänderung des SGB VIII einen neuen Stellenwert bekommen. Die Kindertagespflege ist gesetzlich als Bestandteil der **Hilfen zur Erziehung und des Adoptionsrechts** aus diesem herausgelöst worden und zum Bestandteil der **Förderung von Kindern in Tageseinrichtungen und in Kindertagespflege** geworden. Jugendämter haben dadurch neue Formen der Kooperation gesucht, bestehende Kooperationen neu überdacht oder sogar vertraglich neu gefestigt. Das Subsidaritätsprinzip wird in § 74 SGB VIII zu einer Grundlage für die Kooperation zwischen öffentlichen und freien Träger in der Kommune.

Subsidiarität ist eine politische Maxime, die Entscheidungen auf die niedrigst mögliche Ebene verlagert wissen will. Maßnahmen, die eine Gemeinde betreffen und von ihr eigenständig bewältigt werden können, sollen in der Gemeinde beschlossen werden. Gleiches gilt für die Bundesländer. Den wichtigsten Niederschlag findet die Maxime in der Beachtung bei neuen Gesetzen und der Ausarbeitung von Gesetzesänderungen.

§

§ 74 Abs. 1 SGB VIII
Förderung der freien Jugendhilfe

Die Träger der öffentlichen Jugendhilfe sollen die freiwillige Tätigkeit auf dem Gebiet der Jugendhilfe anregen; sie sollen sie fördern, wenn der jeweilige Träger
- die fachlichen Voraussetzungen für die geplante Maßnahme erfüllt,
- die Gewähr für eine zweckentsprechende und wirtschaftliche Verwendung der Mittel bietet,
- gemeinnützige Ziele verfolgt,
- eine angemessene Eigenleistung erbringt und
- die Gewähr für eine den Zielen des Grundgesetzes förderliche Arbeit bietet.

Freie Träger sollten aktiv mit Konzepten, die sich bereits bewährt haben und die ihre langjährige Fachpraxis beweisen und neuen Ideen für den Ausbau der Kindertagespflege auf den öffentlichen Träger zugehen. Dadurch können fachliche und organisatorische Synergien entstehen. Der Ausbau der Kindertagespflege kann gelingen durch das:
- Gehen neuer Wege,
- Überdenken alter Kooperationen,
- Schmieden neuer Kooperationen,
- Bekannt machen von Bewährtem,
- Fallen lassen von Überflüssigem.

Für die Kooperationen in den Kommunen heißt das auch viel Mut aufzubringen, aufeinander unbefangen zuzugehen, entstandene Vorurteile abzubauen und die gesetzlichen Anforderungen gemeinsam zu bewältigen.

Häufig führen alte Erfahrungen des Misslingens einer Kooperation dazu, diese erst gar nicht zu wollen oder anzugehen. Hier wird immer wieder im einzelnen Beratungsgespräch deutlich, dass beim Gegenüber meist gar nicht bekannt ist, was der Kooperationspartner bereits seit vielen Jahren im Bereich der Jugendhilfe leistet. Der Ausbau der Kindertagespflege macht es nicht nur erforderlich, mehr Kindertagespflegepersonen qualitativ gut auszubilden, sondern auch mehr qualitativ gut ausgebildete Fachberater/-innen zu gewinnen. Neue Stellenbesetzungen führen dazu, dass man es mit neuen Personen und Vorstellungen zu tun hat. Das einem Träger als selbstverständlich Bekannte kann deshalb durchaus noch einmal neu bekannt gemacht werden, weil es neuen Mitarbeiter/-innen oder Kooperationspartner/-innen oft noch nicht bekannt ist, was bereits seit Jahren praktiziert wird.

Kindertagespflege und Kindertageseinrichtungen in den Kommunen

Für die Kooperation der Kindertagespflege mit Kindertageseinrichtungen gelten die oben angeführten Prinzipien der Kooperation ebenfalls.

Die Kindertagespflege hat in ihrem familiennahen Profil einen ganz anderen Schwerpunkt als eine Kindertageseinrichtung und ist von daher schon eher ein bedeutender Kooperationspartner für Angebote, die über das der Kindertageseinrichtung hinausgehen oder vorgeschaltet sind.

Die Kindertagespflege hat mit dem im DJI-Curriculum vertretenen Ansatz bereits das Thema »Bildung« aufgegriffen. Es gilt hier gemeinsam oder ergänzend für das Kind Bewährtes und Neues zu kombinieren.

Für die Kooperation in der Kommune gibt es viele verschiedene Ansätze für die Kindertagespflege und die Kindertageseinrichtungen. Viele bereits praktizierte Projekte zeigen, wie sich anfängliche Berührungsängste in gute Kooperationen entwickeln können.

Wichtig bei einer solchen Kooperationsform ist es, die Ebenen der Kooperation gut trennen zu können:
- Individuelle Ebene
- Formal-strukturelle Ebene
- Fachliche Ebene
- Beziehungsebene

Was mit einer guten Beziehung zwischen einer Kindertagespflegeperson und einem/r Erzieher/-in im Kindergarten anfangen kann, bedarf unbedingt der formalstrukturellen Formgebung schriftlicher oder vertraglicher Art, um eine weitere vertrauensvolle enge Zusammenarbeit zu ermöglichen. Für die Kindertagespflege ist es sehr wichtig, die eigenen Qualitätsstandards zu positionieren, das eigene Profil genau zu benennen, aus einer sicheren Position heraus zu verhandeln, Grenzen des Machbaren genau erkennen zu können und sich unbedingt als gleichwertig zu verstehen. Da die Kindertagespflegeperson im Gegensatz zur Fachkraft in der Kindertageseinrichtung mit den Kindern alleine ist, hat sie andere Bedürfnisse in einer Kooperation mit der Kindertageseinrichtung als Erzieher oder Erzieherinnen, die eine Leitung und Kollegen haben. Angebote, die im privaten Raum möglich sind, sind es im öffentlichen Raum der Kindertageseinrichtung nicht und umgekehrt. Diese beiden Angebotsformen für die Betreuung von Kleinkindern können sich sehr gut ergänzen und voneinander profitieren.

Kooperation funktioniert, wenn:
- Vertrauen
- Kommunikation
- Akzeptanz
- Menschlichkeit
- Verbindlichkeit

vorhanden ist.

Kooperation zwischen Kindertagespflege und Kindertageseinrichtung gelingt, wenn:
1. Kinder- und Familieninteressen von beiden Seiten ernst genommen werden,
2. Kindertageseinrichtung und Kindertagespflege auf Augenhöhe verhandeln,
3. eine Informations-Kultur, die Fachaustausch und Anerkennung der jeweiligen Fachkompetenzen ermöglicht, herrscht,
4. eine win-win-Situation für beide Seiten entsteht,
5. die Kindertagespflege ihr eigenes Profil behält,
6. Kooperation statt Konkurrenz herrscht und die Vorteile beider Angebote genutzt werden,
7. individuelle differenzierte Angebote für Kind und Eltern gemacht werden,
8. wenn das Wunsch- und Wahlrecht der Eltern (§ 5 des SGB VIII) umgesetzt wird.

Kooperation ist ein gemeinsames und aufeinander bezogenes Handeln von mehreren Partnern. Das gemeinsame Handeln ist durch gegenseitige Wertschätzung geprägt und auf ein gemeinsames Ziel gerichtet. Das gemeinsame Ziel ist das Wohl des Kindes.

Kinder unter Drei sollten unabhängig von dem Betreuungsangebot gleich gut betreut werden. Die Fachberatung für Kinder unter Drei könnte dadurch ein neues Zeichen setzen, dass sie sich angebotsunabhängig Fachberatung für den frühkindlichen Bereich nennt. Eine solche Fachberatung kann zudem das Wahlrecht der Eltern ganz anders umsetzen, wenn sie die Eltern bei einer am Kind und nicht am Angebot orientierten Wahl unterstützt.

Interview

»Mehr Zeit für den eigentlichen Beratungsprozess«

Astrid Schroers im Gespräch mit der Autorin.

Frau Schroers, Sie leiten seit Mai 2010 den Stützpunkt für Kindertagespflege in Tönisvorst im Kreis Viersen. Wie arbeitet denn Ihr Stützpunkt?

Der Stützpunkt informiert Eltern und Tagespflegepersonen in St. Tönis und Vorst.

Beraten und vermitteln Sie?

Wir beraten, die Vermittlung obliegt vollständig dem Jugendamt. Wir sind als Zwischenglied eingebunden, um die Hemmschwelle gegenüber dem Jugendamt zu neutralisieren.

Wie groß ist Ihre Fachberatungsstelle? Wie viele Mitarbeiter haben Sie?

Für St. Tönis und Vorst gibt es jeweils einen Stützpunkt, in dem eine Person arbeitet, ich arbeite in der Beratung in St. Tönis und meine Kollegin in Vorst. Die koordinierenden Aufgaben, wie Arbeitskreise und Elternabende organisiere ich zentral.

Auf wie viele Arbeitsstunden kommen Sie denn insgesamt für Ihre Aufgaben?

Das sind 8–10 Stunden im Monat, davon sind 2 feste Stunden für die Sprechstunde, welche donnerstags von 17:00–19:00 Uhr stattfindet, sodass auch berufstätige Eltern die Gelegenheit haben, die Sprechstunde aufzusuchen.

Wie viele aktive Betreuungsverhältnisse werden durch Ihre Stelle betreut?

15 Fachkräfte für Kindertagespflege mit 3–5 Kindern sind aktiv tätig, kommen also auch regelmäßig zu den Arbeitskreisen und sind miteinander vernetzt.

Die Vernetzung von Tagespflege-Fachkräften ist für die in den meisten Fällen sehr isoliert arbeitenden Tagesmütter doch schon ein wichtiges Qualitätsmerkmal. Was wird in Ihrer Kommune unternommen um die Vernetzung der Fachkräfte untereinander verpflichtend zu machen?

Das Jugendamt nimmt das zur Zeit zur Kenntnis, hat aber noch keine Handhabe über Entgeltstufen zur Vernetzung anzuregen.

Gelingt der geplante Ausbau der Betreuungsverhältnisse in Ihrer Kommune?

Nein, es gibt mehr Eltern, die nachfragen, als Tagesmütter, die vermittelt werden können. Wir wissen auch nicht, wo die Fachkräfte herkommen sollen. Das Akquirieren von Tagespflegepersonen liegt beim Jugendamt.

Ist es geplant, die Fachberatungsstelle mit dem Ausbau der Betreuungsverhältnisse auch auszubauen?

Der Stützpunkt wurde bis 31.3.2012 durch das Aktionsprogramm finanziert und soll dann laut Planung danach durch die Kommune weiterfinanziert werden.

Frau Schroers haben Sie die Gelegenheit zu einem regelmäßigen fachlichen Austausch?

Ja, ich berate mich regelmäßig mit einer Kollegin, die wie ich auch als Tagespflegeperson tätig ist. Wir suchen je nach Problemlage gemeinsam nach Fortbildungen, die wir zu aktuellen Themen besuchen können, sodass wir uns sehr gut gegenseitig unterstützen können.

Machen Sie eine regelmäßige Zufriedenheitsabfrage bei den Nutzern der Fachberatungsstelle?

Die Rückmeldungen sind sehr positiv, eine schriftliche Abfrage machen wir nicht.

Gibt es ein Qualitätsverfahren, nach dem Sie arbeiten?

Nein.

Was brauchen Sie, um Ihren gesetzlichen Auftrag noch besser zu erfüllen?

Zeit, finanzielle Unterstützung und eine bessere Infrastruktur.

Was wünschen Sie sich für eine qualitativ gute Fachberatung?

Dass sich Tagespflegepersonen, wenn sie die Fachberatung in Anspruch nehmen, nicht dreimal überlegen müssen, ob sie die Fachberatung durch ihren Anruf von ihrer eigentlichen Arbeit abhalten. Fachberatungsstellen sind sicherlich überfordert mit der Vielzahl der Aufgaben, die sie haben, doch es sollte mehr Zeit für den eigentlichen Beratungsprozess zur Verfügung stehen.

7.2 Neuerungen zielgerichtet umsetzen

Die Komplexität der Fachberatungsaufgaben macht es erforderlich, seine fachlichen, organisatorischen und selbstbildnerischen Fähigkeiten dazu zu nutzen die Rolle eines Moderators für die Kindertagespflege einzunehmen. Dazu bedarf es einer fachlichen Haltung, die es möglich macht, dass Sie sich trotz komplexer Zusammenhänge nicht von dem eigentlichen Ziel abbringen lassen, sich aber beim Vernetzen sämtlicher Akteure als Fachkraft verstehen, die Struktur und kreativen Freiraum schafft.

Dazu
- stellen Sie eigene Meinungen zurück und kommentieren Sie auch nicht direkt Meinungsäußerungen Ihres Gegenübers. Lassen Sie Kreativität zu!
- versuchen Sie durch Fragen die Akteure der Kindertagespflege für das Thema zu aktivieren,
- formulieren Sie Spielregeln und nehmen Sie auch Konflikte in die Tagesordnung auf. Lassen Sie diese niemals unbeachtet,
- fassen Sie Besprochenes immer wieder zusammen um den Stand der Dinge deutlich zu machen und Handlungsfähigkeit wieder herzustellen,
- schaffen Sie Raum für Handlungsalternativen, wenn es keinen Kompromiss geben kann,
- achten Sie auf die Selbststeuerung und Eigeninitiative Ihres Gegenübers,
- nutzen und koordinieren Sie das Wissen und die Fähigkeiten der einzelnen Akteure der Kindertagespflege,
- bereiten Sie sich selber immer gut auf eine Fachsitzung vor und fordern Sie das auch von den anderen Teilnehmern der Sitzung ein,
- schaffen Sie verbindliche Absprachen durch schriftlich übersichtliche und eindeutige Protokolle,

- seien Sie stets pünktlich und zuverlässig und setzen das als Arbeitsgrundlage für Ihre Kooperationspartner/innen voraus.

Als Fachberater/-in eine moderative Haltung einzunehmen heißt einerseits die Komplexität der Kindertagespflege und andererseits die Zielverfolgung für Neuerungen oder Änderungen im Auge zu behalten.

In Rahmen der Fachberatung können alle Akteure der Kindertagespflege miteinander vernetzt und ihre Arbeit in der Kommune dadurch effektiv und effizient gestaltet werden.

Effektivität ist ein Maß für Wirksamkeit und die Qualität der Zielerreichung.

Effizienz ist ein Maß für die Wirtschaftlichkeit – der Relation von Kosten und Nutzen.

Als Moderator/-in brauchen sie Methoden, die Ihnen helfen, die Energien einer Gruppe optimal zu nutzen, damit Sie bei Fachgesprächen, Workshops oder Facharbeitskreisen nicht am Thema vorbei tagen oder sich vom Thema und Ziel bei einem Treffen abbringen lassen. Im besten Fall melden die Teilnehmer/-innen einer solchen Tagung ihren Eindruck zurück. Im schlechtesten Fall verlassen sie den Raum frustriert, ziehen sich zurück und machen Stimmung gegen die Vorgehensweise der Fachberatung. Damit das nicht passiert, hilft es, das Prinzip von Transparenz und Zielabsprache konsequent zu verfolgen. Welcher Umgangston in einer solchen Gruppe gepflegt wird und wie sich Teilnehmer/-innen einer Gruppe sich miteinander vernetzen, hängt zu einem Großteil von den moderativen Fähigkeiten der einladenden Person ab. Zielführende Gespräche und Tagungen zu führen, kann man lernen.

Tagungsrisiken
- Verzetteln
- Am Thema vorbei
- Themen vermeidend
- Tagesordnung zu allgemein
- Tagesordnung zu restriktiv
- Türgespräche wichtiger als Tagesordnung

Um die Ressourcen einer Fachberatungsstelle und die ihrer Kooperationspartner optimal zu nutzen, gibt es einige Analysemethoden. In der Literatur im Anhang finden Sie unterschiedliche Ansätze und Methoden, um die Arbeit in einer Beratungsstelle zu verbessern.

Ein/e Fachberater/in
- kann Strukturen schaffen
- hat Moderationsfähigkeiten
- hat kommunikative Fähigkeiten
- kann vermitteln
- bleibt sachlich
- behält das Ziel im Auge
- ist diskret
- kann auf Menschen zugehen
- kann Wichtiges vom Unwichtigen unterscheiden
- verfügt über Selbstreflexion

Im Folgenden lernen Sie eine Auswahl von Analysemethoden kennen, um in Gruppen schnell, effektiv und effizient beim Thema zu bleiben und die Tagungszeit optimal zu nutzen. Diese haben sich für die Arbeit in Fachausschüssen und Facharbeitsgruppen gut bewährt, weil sie alle in sehr einfacher Weise immer wieder das Ziel der Fachberatung ins richtige Licht rücken und dadurch Verzetteln und Zerreden vermieden werden können.

7.3 Analysemethoden

Die vier hier vorgestellten Methoden sind eine sehr kleine Auswahl von Analyse- und Arbeitshilfen, die Planungs- und Organisationsblockaden vermeiden können. In der Literatur finden Sie zum Thema Moderationstechniken und Projektmanagement jede Menge weitere Methoden und Techniken, die unterschiedliche Ziele und Vorgehensweisen haben und unterschiedlich lange Einarbeitungszeiten benötigen. An den vier folgenden Beispielen ist das Bestechende die Einfachheit und die schnelle erfolgreiche Einsatzfähigkeit der jeweiligen Technik.

Brainstorming

Brainstorming ist in jeder Gruppe eine schnelle Methode anstehende Aufgaben, Ziele oder Wünsche unreflektiert zu sammeln. Die Technik eignet sich hervorragend für sehr komplexe Themen oder extrem unterschiedliche Sichtweisen auf ein Problem oder Tagungspunkt. Die Technik ist besonders zu Beginn einer Aufgabe oder eines Projektes hilfreich, um sämtliche Ideen der Gruppe zu nutzen. Wenn die Arbeit an einem Projekt ins Stocken gerät, hilft diese Methode, um verlorene Ideen wieder zu entdecken oder um neue Ideen und Sichtweisen in einem fortgeschrittenen Zustand eines Projektes zu finden, die das Projekt wieder in Bewegung bringen. Die Mittel sind sehr einfach und schlicht: Gehirn, Papier und Stift.

Diese Einfachheit macht es möglich, dass diese Technik problemlos und spontan eingesetzt werden kann. Das Brainstorming kann von jeder Person in einer Gruppe allein durchgeführt werden. Anschließend werden die Ideen zusammengetragen oder die Gruppe macht das Brainstorming zusammen mit einer Person, die alle Ideen sofort sammelt und aufschreibt.

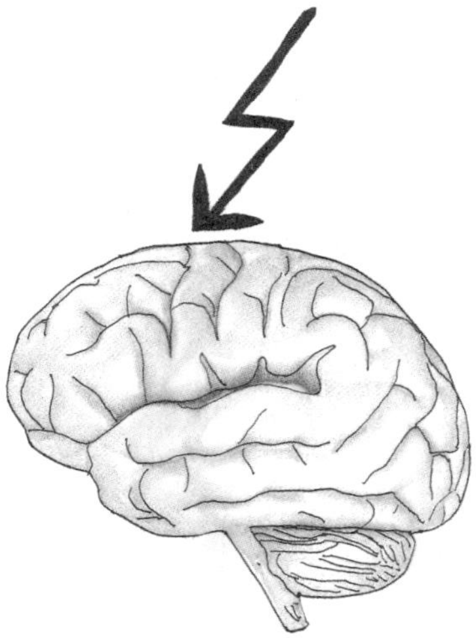

Brainstorm – Blitze im Hirn

Wenn Sie das Brainstorming allein durchführen wollen, gehen Sie wie folgt vor: Schreiben Sie die Fragestellung, zu der Sie neue Ideen entwickeln wollen, genau und präzise auf. Nehmen Sie sich ein großes weißes Blatt Papier. Stellen Sie einen Wecker oder eine Zeitschaltuhr auf zehn Minuten. Wenn Sie glauben, dass Sie mehr Zeit brauchen, können Sie im Anschluss an die zehn Minuten einfach verlängern. Wenn die Zeit läuft, fangen Sie an, alle Ideen auf das Papier zu schreiben, die Ihnen im Zusammenhang mit Ihrer Fragestellung in den Sinn kommen. Das tun Sie so lange, bis der Wecker klingelt. Zensieren Sie an dieser Stelle keinesfalls. »Spinnen« Sie herum, lassen Sie alles zu, was Ihnen in den Kopf kommt. Lassen Sie sich dabei auch von dem inspirieren, was Sie bereits geschrieben haben. Erst nach dem Klingeln des Weckers oder wenn Ihnen keine weiteren Ideen mehr kommen, bewerten Sie Ihre Ideen dahingehend, ob Sie realistisch und umsetzbar sind.

Brainstorming ist eine von Alex Osborn 1939 erfundene und von Charles Hutchinson Clark weiterentwickelte Methode zur Ideenfindung, die die Erzeugung von neuen, ungewöhnlichen Ideen in einer Gruppe von Menschen fördern soll. Er benannte sie nach der Idee dieser Methode, nämlich »using the brain to storm a problem« (wörtlich: Das Gehirn verwenden zum Sturm auf ein Problem).

Beim Brainstorming in der Gruppe sollte es eine Person geben, die das Brainstorming einführt, begleitet und beendet. Oft wird Brainstorming mit gemeinsamem Nachdenken und Diskutieren verwechselt. Die Kernidee des Brainstormings ist es nicht systematisch zu diskutieren. Es geht vielmehr darum, vollkommen ohne jedes Urteil und ohne jede Bewertung möglichst viele, durchaus verrückte Ideen zu entwickeln. Die Bewertung und Diskussion der Ideen und der Umsetzung erfolgt erst in einem späteren Schritt.

Viele Menschen tun sich schwer, ihren Gedanken freien Lauf zu lassen, kritisieren und hinterfragen Beiträge anderer sofort. Folgende Brainstorming-Regeln sollten deshalb beachtet werden:

- Eine Moderation für die Brainstorming-Technik stellt die Regeln für die Phase des Brainstormings vor, achtet darauf, dass sie eingehalten werden und protokolliert die Ergebnisse.
- Quantität vor Qualität. Hinterfragen oder kritisieren während der Brainstorming-Session ist strengstens verboten!
- Es gibt keine dummen oder schlechten Ideen.
- Es gibt kein Urheberrecht für Ideen. Alle Ideen gehören dem Team.
- Jedes Brainstorming beginnt mit einer konkreten Fragestellung.
- Eine Brainstorming-Phase dauert in der Regel 5–15 Minuten.
- Dokumentieren der Ideen durch Pinwand und Moderationskarten, Flipchart oder durch eine MindMapping-Software und Beamer.
- Zum Ende des Brainstormings sollten die Ideen nach Themenfeldern geordnet, interessante Kombinationen und Ideen festgehalten und das weitere Vorgehen vereinbart werden.

Das Ordnen und Bewerten der Ideen nach dem Brainstorming sollte nach Prioritäten geschehen. Was ist der Gruppe besonders wichtig, was besonders unwichtig. Unwichtiges bleibt dokumentiert, wird aber vorerst nicht mehr weiter verfolgt. Wichtiges wird weiterverfolgt und Brainstormingpunkte, die keiner Kategorie wie wichtig und unwichtig zugeordnet werden können, werden separat angeschaut unter dem Gesichtspunkt, ob sie noch in die weitere Bearbeitung mit einfließen sollen oder vorerst keine Relevanz bekommen.

Mit den Ideen, die als wichtig kategorisiert wurden, wird in einem weiteren Schritt gearbeitet. Es darf nun intensiv diskutiert, bewertet, problematisiert und auch kritisiert werden, um die wichtigen Ideen auf ihre Relevanz und Praxistauglichkeit hin zu überprüfen.

Das Problem zu erkennen ist wichtiger, als die Lösung zu kennen, denn die genaue Darstellung des Problems führt zur Lösung. (Albert Einstein)

Ist-/Soll-Analyse

Es gibt viele verschieden Formen eine Ist-Soll-Analyse zu machen. In der gängigen Projektmanagement-Literatur finden Sie von Ist-Soll-Tabellen bis hin zu PDCA – Plan-Do-Check-Act – Methoden, in denen die Ist und Soll Werte gesucht, geprüft und ausgewertet werden, viele verschiedene Vorgehensweisen. Allen gemein ist, dass man durch die genaue Analyse, wie eine Situation oder ein Zustand ist und wie dieser idealerweise sein sollte, zu einer Grob- und Feinzielbildung für das zu bearbeitende Arbeitsfeld kommen kann. Häufig weicht der Soll-Zustand so stark vom Ist-Zustand ab, dass viele Teilnehmer in Projekten Ziele für unrealistisch halten und diese durch die eigene Einstellung bewusst oder unbewusst boykottieren. Die folgende sehr einfache Methode, die Ergebnisse einer Ist-Analyse mit den Ergebnissen einer Soll-Analyse für eine realistische Zielbildung zu nutzen, kann Ihnen helfen nach einer ersten Betrachtung des Ist- und Soll-Zustandes ein praxistaugliches Vorgehen zu finden. Mit einem Beispiel zu der Verteilung der beratenden Aufgaben in der Fachberatung bleibt die Technik nicht abstrakt. Sie lässt sich auf alle Themen, bei denen das Ist und Soll stark voneinander abweicht und eine realistische Zielbildung kaum möglich scheint, anwenden.

Beispiel einer Ist-/Soll-Analyse mit Kreisen:

Sie möchten in Ihrer Beratungsstelle die Fachberatungssprechzeiten reduzieren, um mehr Zeit für konzeptionelle Arbeit zu haben. Der gute Ruf Ihrer Fachberatungsstelle und die nachweislich gute Qualität der Beratung soll allerdings nicht darunter leiden. Als erstes wird eine Ist-Analyse vorgenommen, mit welchen Beratungsformen sie die relevanten Informationen an Ihre Klientel bringen.

Ist-Analyse der Beratungsformen in der Fachberatung:

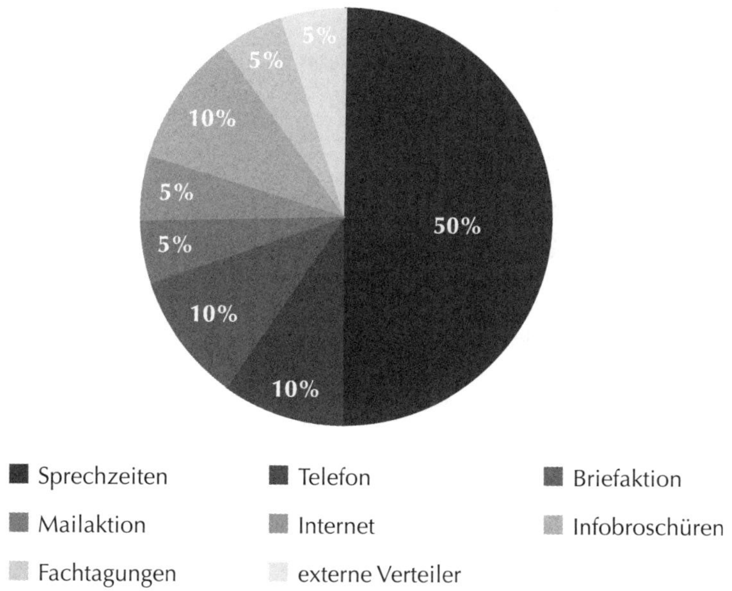

Wie **ist** die Struktur der Informationskanäle in der Fachberatung organisiert?

Sie möchten in Ihrer Fachberatung die 50% personelle Anwesenheit zu festen Beratungszeiten reduzieren und den anderen Beratungsformen in der täglichen Beratung mehr Raum geben, weil Sie sich davon erhoffen, Informationen so breiter, verbindlicher und nachvollziehbarer weiterzugeben. Sie bilden deshalb einen Kreis für ein Soll, der vorerst noch nicht aus der Sicht einer praktikablen Umsetzung gebildet werden soll, sondern durchaus ganz idealistisch, wie Sie sich wünschen würden, dass die Beratungsformen in Ihrer Beratungsstelle umgesetzt werden sollten.

Soll-Analyse der Beratungsformen in der Fachberatung:

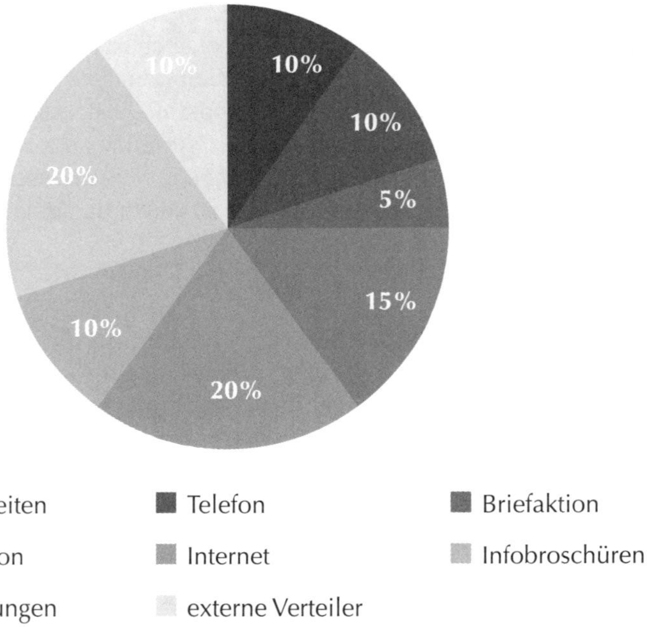

Wie **sollte** die Struktur der Informationskanäle in der Fachberatung organisiert sein?

Die massive Reduzierung der personellen Anwesenheit zu festen Beratungszeiten erscheint auch Ihnen sehr unrealistisch und würde auf massive Kritik seitens Ihrer Beratungsklientel stoßen. Deshalb versuchen Sie die Ergebnisse des Ist- und Sollkreises in einem dritten Kreis zu vereinen, sodass sich Realität und idealer Zustand in der Mitte treffen und die Grundlage zu einer realistischen Zielbildung werden.

Ist-/Soll-Analyse der Beratungsformen in der Fachberatung:

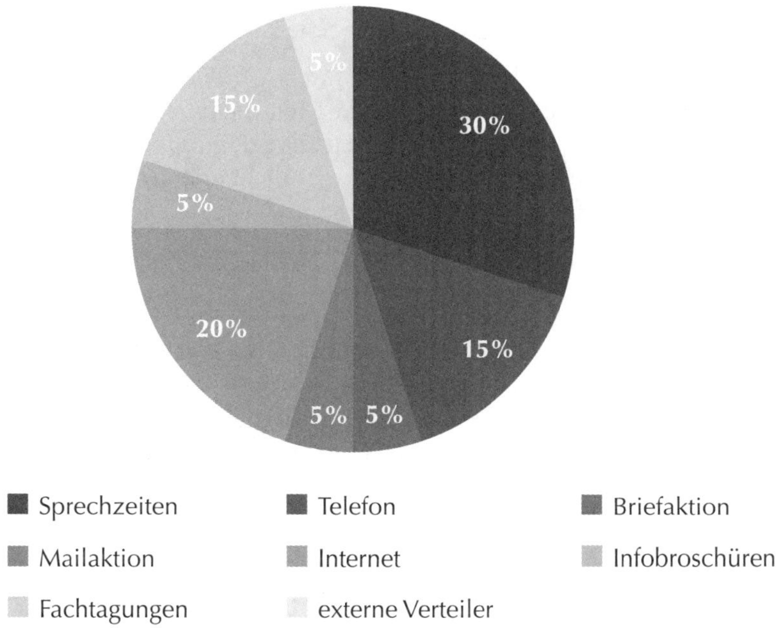

Wie können die Realität und die Wünsche an die Fachberatung in Einklang gebracht werden?

In unserem Beispiel ist der dritte Kreis die Grundlage für die Reduktion der Fachberatungszeiten mit personeller Anwesenheit. Diese Zeiten werden genutzt, um die neuen Medien und Fachtagungen zunehmend für die Fachberatung zu nutzen. Wie Sie die Verteilung konkret vornehmen, kann individuell ganz anders aussehen. Dieses Beispiel ist zur Veranschaulichung der Technik und nicht zur Vorgabe, wie Fachberatungsformen verteilt sein sollen, gewählt worden. Ganz ohne personelle Anwesenheit zu Beratungssprechzeiten wird es kaum gehen. Eine Fachberatung braucht personelle Anwesenheit und Personen, mit denen Kindertagespflegepersonen und Eltern sprechen können. Für die Arbeitsorganisation ist die Frequenz, in der die Beratungssprechzeiten genutzt werden schwerer planbar als Fachtagungen, Informationsbroschüren und die Gestaltung einer aussagekräftigen und aktuell bearbeiteten Homepage. Durch die Ist-/Soll-Analyse können Sie ein Gleichgewicht zwischen fachlichen und organisatorischen Anforderungen herstellen.

Die Ist-/Soll-Analyse ist immer sehr gut geeignet, wenn es um Probleme geht, bei denen die Realität und der gewünschte Zustand stark voneinander abweichen und dadurch eine Art Handlungsblockade entsteht, die sich oft in Sätzen widerspiegelt wie: »Das geht nicht anders«, »dafür haben wir keine Ressourcen« oder »da kann man nichts machen«, obwohl gleichzeitig ein starker Änderungsbedarf vorhanden ist.

Eisenhower-Modell

Das Eisenhower-Modell kann seine positive Wirkung als konkretes Arbeitswerkzeug aber auch als Gedankenstütze für die schnelle Zuordnung von Prioritäten entwickeln.

Als Arbeitswerkzeug ordnet man Tätigkeiten, Unterlagen, Pläne, Vorhaben oder Arbeitsschritte einem der vier Quadrate gezielt zu und findet so heraus, was unmittelbar, was ausführlich und gründlich und was gar nicht erledigt werden muss oder was von anderen erledigt werden kann.

Das *Eisenhower-Modell* ist eine Möglichkeit, anstehende Aufgaben in Kategorien einzuteilen. Dadurch sollen die wichtigsten Aufgaben zuerst erledigt und unwichtige Dinge aussortiert werden. Es wurde von US-Präsident und Alliierten-General Dwight D. Eisenhower praktiziert und gelehrt.

Aufgaben werden im Eisenhower-Modell nach zwei Grundsätzen geordnet: Ist die Aufgabe wichtig? Ist die Aufgabe dringend?

- »Wichtig« bezieht sich auf den **Inhalt**. Wichtige Aufgaben bringen jemanden weiter. Es ergibt sich ein Vorteil (oder ein Nachteil ist aus der Welt geschafft).
- »Dringend« bezieht sich auf die **Zeit**. Wenn dringende Aufgaben termingerecht erledigt sind, entsteht ein Nutzen (oder ein Schaden ist verhindert worden).

Aufgaben werden nach diesem Prinzip folgenden Quadranten zugeordnet.

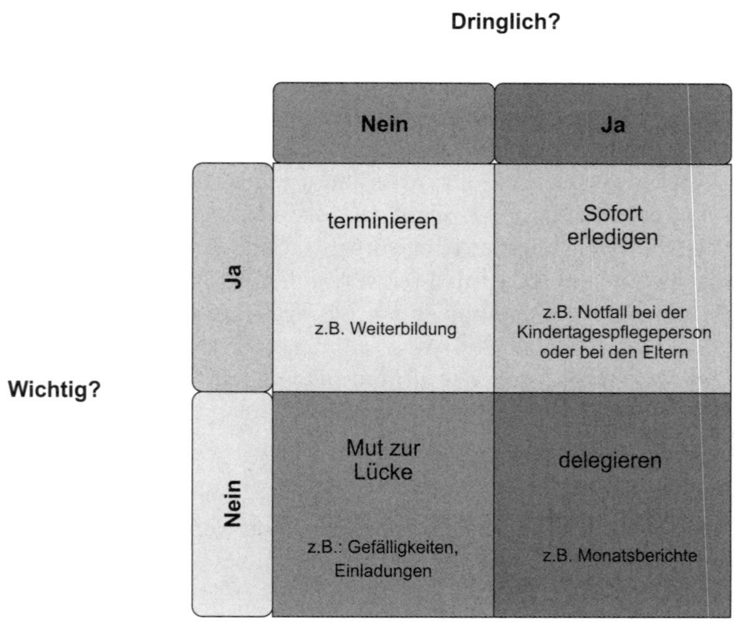

Eisenhower-Modell

Aufgaben, die weder wichtig noch dringlich sind, werden nicht erledigt. Aufgaben, die nicht wichtig aber dringlich sind, können von helfenden Personen erledigt werden. Alles was wichtig oder wichtig und dringlich ist, sollte gut geplant oder zeitnah und zügig erledigt werden.

Wird das Eisenhower-Modell für die Absprache in einer Gruppe genutzt, können anstehende Aufgaben in gemeinsamer Absprache in die einzelnen Quadrate eingeordnet werden, so dass man eine Übersicht über Wichtigkeit und Dringlichkeit von Aufgaben bekommt und sich während der Arbeit immer wieder an die Einteilung erinnern kann.

Als Gedankenstütze kann man das allgemeine Bild des Eisenhower-Modells auch an den Arbeitsplatz hängen und sich bei Zweifeln, ob eine aktuelle Tätigkeit wichtig und/oder dringlich ist, mit einem Blick auf das Bild diese auflösen. Das Modell dient dann als Erinnerung, dass sich jede Arbeit zuordnen lässt und damit leichter Prioritäten für die Abfolge von Aufgaben gesetzt werden können.

SWOT-Methode

Die SWOT-Methode ist eine simple und aufschlussreiche Untersuchungsmethode, um die Stärken und Schwächen der eigenen Organisation aufzuzeigen.

SWOT kommt aus dem amerikanischen Sprachgebrauch und steht für Strengths, Weakness, Opportunities und Threats (Stärken, Schwächen, Chancen und Gefahren) und versteht sich als Potentialanalyse.

Den Kern der SWOT-Analyse bilden die Fragen, die darauf abzielen, ein Bild des gegenwärtigen Vorhabens mit seinen Entwicklungsmöglichkeiten zu entwerfen.

Das Bild wird dabei sowohl von internen Gegebenheiten als auch von externen Einflüssen bestimmt.

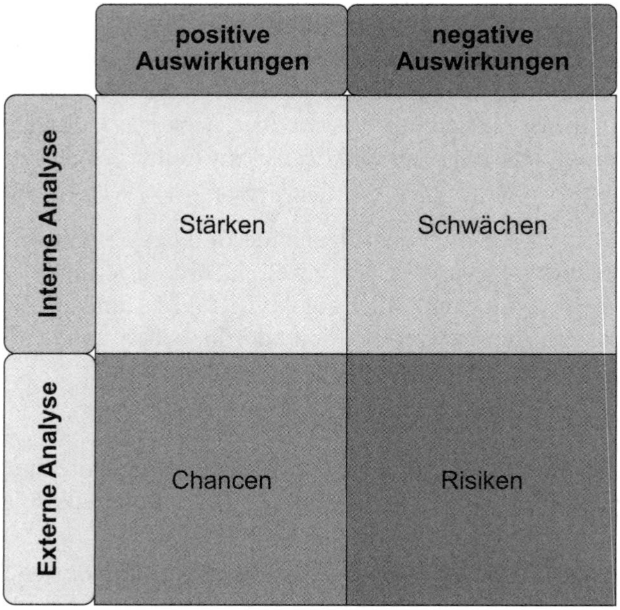

SWOT-Analyse

Folgende Fragen liefern einen Anhaltspunkt für das konkrete Vorgehen:

Stärken (Strengths) – interne Faktoren
Auf welche Ursachen sind vergangene Erfolge zurückzuführen?
Welche Kernkompetenzen sind in der Fachberatung vertreten?
Welche Chancen hat das neue Vorhaben?
Welches Vorgehen der Fachberatung wurde bisher besonders geschätzt?
Wer wird durch die Arbeit der Fachberatung unterstützt?
Welche Synergien gibt es in der Kommune, die genutzt werden können?

Schwächen (Weaknesses) – interne Faktoren
Welche Schwachpunkte gilt es zu beseitigen und künftig zu vermeiden?
Welches Problem ist besonders drückend?
Welche Kernkompetenzen fehlen in der Fachberatung?
Wofür wurde die Fachberatung bisher kritisiert?
Welches Vorgehen der Fachberatung stieß auf Unverständnis?
Welche Leistungen wurden bisher bei der Fachberatung vermisst?

Chancen (Opportunities) – externe Faktoren
Welche Möglichkeiten stehen offen?
Welche Richtung gilt es einzuschlagen?
Wer kann die Fachberatung aktiv unerstützen?
Mit wem kann die Fachberatung wertschöpfende Kooperationen eingehen?

Was kann durch eine Neustrukturierung der Fachberatung verbessert werden?
Welche Finanzmittel lassen sich akquirieren?

Gefahren (Threats) – externe Faktoren
Welche Schwierigkeiten hinsichtlich der Gesamtorganisation liegen vor?
Was machen die Kooperationspartner?
Ändern sich die Vorschriften für eine geplante Vorgehensweise?
Bedroht eine unplanbare Situation das Vorhaben?
Werden die Neuerungen die Akzeptanz aller Beteiligten finden?
Wer wird Neuerungen boykottieren?
Sind die Neuerungen langfristig umsetzbar?
Entsprechen die Neuerungen der Entwicklung, die Fachberatung nimmt?

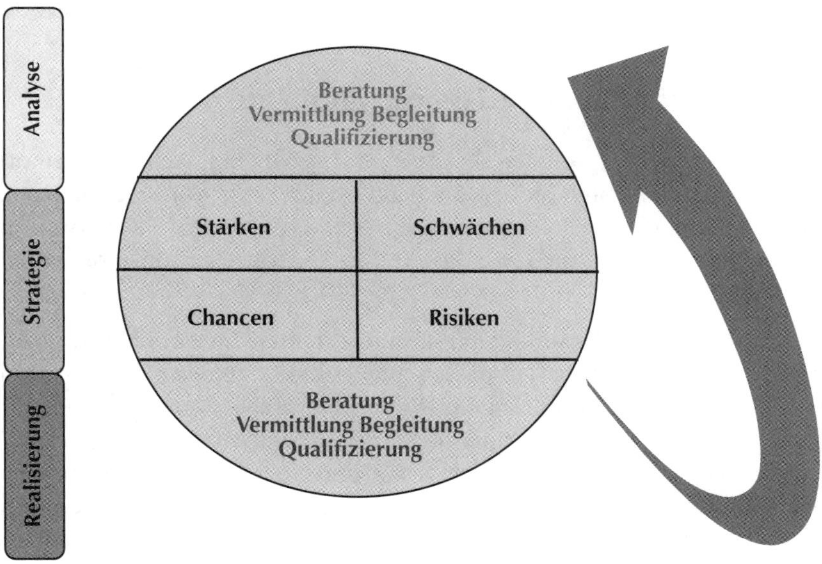

Von der Analyse zur Realisierung

Die SWOT-Methode kann immer wieder zwischendurch angewendet werden, um sich der internen und externen Vor- und Nachteile bewusst zu werden. So wird nach der Analyse einer Situation eine Strategie entwickelt, welche anschließend in die Praxis umgesetzt wird. Mit Hilfe der SWOT-Analyse wird die Praxis wiederum untersucht, so dass Analyse, Strategie-Bildung und Realisierung sich nach Bedarf abwechseln. Das Augenmerk sollte immer darauf liegen, bestehende Nachteile mit vorhandenen Vorteilen auszugleichen. Eine Potenzialentwicklung zu fördern ist nicht nur motivierend, sondern schafft auch bei den Beteiligten Engagement und Durchhaltewille. Beides sind Eigenschaften, ohne die Neuerungen sehr schwer durchzusetzen sind.

Die hier vorgestellten Methoden sind ein Auszug aus vielen möglichen Methoden, um sich seiner Ziele, der Priorität von Aufgaben zur Erfüllung gesetzter Ziele und der persönlichen Potenzialentfaltung bewusst zu werden. Sie können von Einzelpersonen für die Analyse der eigenen Vorgehensweise genauso genutzt werden wie in Gruppen um einen schnelleren Konsens zu finden. Methoden sind immer nur so gut wie die Personen, die sie nutzen. Für den Einsatz dieser Methoden ist es deshalb sinnvoll eine/n Moderator/-in hinzu zu ziehen, so dass alle Beteiligten offen, frei und unbefangen ihre Ideen kundtun können. Potenzialentwicklung gelingt gut, wenn Menschen sich mit ihren Kräften und Fähigkeiten zeigen können ohne dafür mit Sanktionen rechnen zu müssen. Ein wertschätzendes Arbeitsklima kann nicht durch eine Methoden, sondern nur durch eine innere Haltung entwickelt werden.

Haltung ist die Gesinnung, mit der der Mensch seine Ziele verfolgt.

7.4 Auf wen treffen diese Eigenschaften zu?

Eigenschaften: Haltung, Neugier, Respekt, Wertschätzung, Achtung, Ermutigung, Empathie koppeln mit einer professionellen Distanz, Selbstkonzept und Rolle, Vorbild, gruppendynamische Prozesse kennen, Selbstverständnis Fachwissen, praktische Fertigkeiten, Selbstkonzept, Fähigkeit zur Selbstreflexion ihrer personalen Kompetenzen.

Das ist aus einem Wunschkatalog für die Eigenschaften einer Fachkraft für Kindertagespflege. Diese Eigenschaften passen auch sehr gut zu den Fähigkeiten, die für eine Fachkraft in der Fachberatung für Kindertagespflege wichtig sind. Ist das nicht eine hilfreiche Vorgehensweise miteinander die Eigenschaften zu entwickeln, die im Umgang mit Menschen immer wichtig sind und die sich auch nur in gemeinsamen Prozessen entwickeln und verbessern lassen? Das ist ein Weg zum gemeinsamen Lernen und weg von der Belehrung. Keiner muss diesen Weg allein gehen. Kooperationen und verlässliche Strukturen unterstützen diesen gemeinsamen Prozess. So könnten Fachberater/-innen sich entlasten und in wertschätzender und ko-konstruktiver Haltung die Qualität der Kindertagespflege gut und im Einverständnis mit den Akteuren der Praxis entwickeln.

Biographische Angaben zu den Interviewpartnern:

Claudia Dorner Müller

Frau Dorner-Müller ist Diplom-Sozialarbeiterin und arbeitet seit 1997 für den TagesmütterVerein Freiburg e. V. – Fachberatungsstelle Kindertagespflege. Seit 2002 leitet sie die Geschäftsstelle des Vereins.

Sie referiert bundesweit für die Kindertagespflege und ist Autorin und Mitglied des Beirates der ZeT -Zeitschrift für Tagesmütter und -väter.

Iris Dörr

Frau Dörr arbeitet nach einem Studium der Psychologie und Psychotherapie seit 1999 für das Jugendamt Main-Kinzig-Kreis im Sachgebiet Zentralstelle für Kinderbetreuung als Leiterin der Qualifizierung für Kindertagespflegepersonen. Seit 2011 arbeitet sie in der Fachberatung Kindertagespflege des Main Kinzig Kreises.

Petra Hahn

Frau Hahn ist Dipl.- Pädagogin, seit 2010 als überregionale Fachberatung beim LVR tätig und zuständig für die rheinlandweite Beratung in der Kindertagespflege, für die Vernetzung, Planung, Organisation und Durchführung von Fortbildungsangeboten und die Mitarbeit in verschiedenen Gremien.

Simone Kühnert

Frau Kühnert ist Diplomsozialpädagogin und seit 2009 Projektkoordinatorin in der Informations- und Koordinierungsstelle für Kindertagespflege in Sachsen, beim PARITÄTISCHEN Landesverband e. V. Sie hat seit 1986 Erfahrungen im frühkindlichen Bereich durch Ihre praktische Arbeit in Einrichtungen und in der Fachberatung.

Beate Müller

Frau Müller ist Diplomlehrerin und arbeitet seit 1990 in der Stadtverwaltung Bischofswerda. Als Leiterin des Amtes für Bildung, Jugend und Sport sorgt sie für ein bedarfsgerechtes Netz an Kinderbetreuungsangeboten und legt großen Wert auf Qualität sowie den Elternservice.

Anke Odrig

Frau Odrig ist Dipl.-Betriebswirtin und hat viele Jahre in der freien Wirtschaft gearbeitet.

Ihre langjährige berufliche Erfahrung als Managerin im Softwarebereich nutzte sie für die Entwicklung eines effektiven Managementsystems für Betreuungsplätze. 2009 gründete sie »Little Bird« und ist seitdem geschäftsführende Gesellschafterin dieses Unternehmens.

Barbara Plänitz

Frau Plänitz ist Diplomsozialpädagogin. Sie ist Gründungsmitglied des Vereins Familieninitiative Radebeul e. V. und seit 1994 im Verein angestellt. Im Jahr 2003 hat sie mit dem Aufbau einer Beratungs- und Vermittlungsstelle für Kindertagespflege im Familienzentrum/Mehrgenerationenhaus begonnen, die heute für fünf Gemeinden im Landkreis Meißen zuständig ist.

Sylvia Röder

Frau Röder ist diplomierte Verwaltung-Betriebswirtin und leitet seit 1997 das Amt für Schule und Familie in der Stadt Heidenau. An der Einführung und Entwicklung von Little Bird wirkte sie maßgeblich mit. Unter ihrer Regie beteiligten sich alle in städtischer und freier Trägerschaft befindlichen Einrichtungen der Stadt Heidenau an dem Pilotprojekt zu Little Bird.

Astrid Schroers

Seit Mitte September 2009 ist Frau Schroers für den Kreis Viersen als beratende Tagesmutter für die Kindertagesbetreuung im Stadtgebiet von St. Tönis zuständig. Zu ihren Aufgaben gehören Eltern- und Tagesmütter-Beratung. Im Rahmen dieser Tätigkeit leitet sie eine Spielgruppe für Tagesmütter mit ihren Tageskindern in den Räumlichkeiten eines Familienzentrums.

Dr. Ilse Wehrmann

Frau Dr. Ilse Wehrmann ist Erzieherin, Diplom-Sozialpädagogin und Sachverständige für Frühpädagogik. Bis 2007 war sie Geschäftsführerin des Landesverbandes Evangelischer Tageseinrichtungen für Kinder in Bremen. Heute arbeitet sie als freie Beraterin im Bereich frühkindlicher Bildung – u. a. für Kita-Aufbauprogramme für die Unternehmen Daimler und RWE.

Dank

Das Buch »Vom Rat zur Tat« hat mich mit vielen Fachberaterinnen und Fachberatern in Kontakt gebracht. Ich habe viele Einblicke in Arbeitsprozesse erhalten, die mir ohne die Hilfe und Unterstützung so vieler Menschen nicht möglich gewesen wäre.

Ich danke allen, die mich begleitet haben und mir mit Rat und Tat zur Seite standen, sehr. Da ich weitaus mehr Interviews geführt habe als hier veröffentlicht werden konnten, danke ich auch allen Interviewpartnern, deren Interviews hier nicht abgedruckt sind und mir dennoch ihre Zeit gewidmet haben, um ihr Arbeitsfeld darzustellen. Die Auswahl der Interviews geschah allein nach dem Kriterium, eine möglichst große Vielfalt der Fachberatungsstellen darstellen zu können. Ich danke den Interviewpartnern, deren Interviews hier veröffentlicht sind für ihre Offenheit während des Interviews, ihr Vertrauen in meine Person und ihre Geduld bei den redaktionellen Überarbeitungsphasen.

Ich bedanke mich auch bei den Interviewpartner, die mir eine klare Absage für ein Interview gegeben haben, konnte ich doch durch ihre Erklärungen feststellen, wie viele Prozesse der Fachberatung noch hinter verschlossenen Türen bleiben sollen. Hoffentlich wird sich das bald ändern.

Darüber hinaus möchte ich mich besonders bedanken bei Ute Brückner und Stephan Kirsche für ihre anregenden und weitsichtigen Diskussionen zum Thema Fachberatung, bei Yun-Jo Raiber für die Unterstützung bei der graphischen Erstellung der Strichmännchen zum Anfang und Ende Buches und bei Brigitte Glende, die mitten im Projekt die redaktionelle Verantwortung übernommen hat, für ihr geduldiges, immer auf Klärung bedachtes und zielorientiertes Verhalten. Nicht zuletzt möchte ich mich bei meiner Familie bedanken, die mich in der Zeit des Schreibens menschlich und versorgungstechnisch mit ihrer immer liebevollen und konstruktiv kritischen Haltung unterstützt hat. Wenn wir uns alle täglich um eine Steigerung der gegenseitigen Wertschätzung in unseren Beziehungen bemühen und in unseren Arbeitsfeldern rund um die Kindertagespflege mehr auf die Potentialentwicklung anstatt auf den Ausbau von Kontrollmechanismen setzen, müssen wir uns um eine gute Qualitätsentwicklung in der Fachberatung für Kindertagespflege keine großen Sorgen machen.

Info

Zur Erstellung eines Konzepts für die Fachberatung Kindertagespflege findet zweimal pro Jahr eine Weiterbildung statt. Nähere Informationen finden sie unter: www.total-quality-life.de

Literaturliste:

Albers, Peter, u. a.:	Kinder mit Behinderung – Qualifizierungsmodul für Tagespflegepersonen, hrsg. v. RaBe – Interdisziplinäres Zentrum für Frühförderung der AWO-Ennepe-Ruhr, Gevelsberg 2007.
Arbeitsgemeinschaft der Jugendämter der Länder und der Landesjugendämter:	Gemeinsame Empfehlungen für die Heranziehung zu den Kosten nach §§ 90 ff SGB VIII, 12.5.2011, www.agjae.de
APuZ:	Aus Politik und Zeitgeschichte: Frühkindliche Bildung, 62. Jahrgang 22–24/2012, 29.5.2012.
Axelrod, Robert:	Die Evolution der Kooperation, Oldenbourg Verlag München 2000.
Bamler, Vera:	Fachberatung als Bestandteil der Qualitätsentwicklung im Bereich von Kindertageseinrichtung und der Tagespflege, Kindergartenpädagogik – Online-Handbuch – hrsg. v. M. R. Textor 2004.
Brisch, Karl-Heinz:	Der Säugling – Bindung, Neurobiologie und Gene, Klett-Cotta Verlag Stuttgart 2008.
Buer, Ferdinand und Schmidt-Lellek, Christoph:	Life-Coaching – Über Sinn, Glück und Verantwortung in der Arbeit, Vandenhoeck & Ruprecht Göttingen 2008.
Bundesarbeitsgemeinschaft der Landesjugendämter:	Empfehlungen zur Fachberatung, Dezember 2003, Aufgaben der Landesjugendämter, Juli 2011, www.bagljae.de
Bundeskonferenz:	Rechtsgrundlagen der Beratung, Empfehlungen und Hinweise für die Praxis, BKE Bundeskonferenz für Erziehungsberatung e. V. Fürth 2009.
Bundesvereinigung der kommunalen Spitzenverbände:	Empfehlungen zur Festlegung fachlicher Verfahrensstandards in den Jugendämtern bei Gefährdung des Kindeswohls. In: Nachrichten des Deutschen Vereins Juli 2009, S. 263–270.
Bundesministerium für Familie, Senioren, Frauen und Jugend:	Handbuch Kindertagespflege, www.handbuch-kindertagespflege.de www.fruehe-chancen.de

Bundesministerium für Familie, Senioren, Frauen und Jugend: Ausbau und Qualität der Kinderbetreuung – Gleiche Bildungschancen für alle Kinder von Anfang an.
Publikationsversand der Bundesregierung, Postfach 481009,
18132 Rostock, www.beruf-und-familie.de

Christensen, Clayton: How will you measure your life?, Harper Collins New York 2012.

Deutsches Jugendinstitut: Qualifizierung in der Kindertagespflege – Das DJI-Curriculum »Fortbildung von Tagesmüttern«, Friedrich Verlag Seelze 2008.

Deutsches Jugendinstitut: Qualifizierung in der Kindertagespflege – Vorarbeiten für ein modulares Qualifizierungskonzept, Eigenverlag München 2008.

Deutsches Jugendinstitut: Eignung von Tagespflegepersonen in der Kindertagespflege,
Praxismaterialien für die Jugendämter, Nr. 2, Oktober 2009, www.dji.de/aktionsprogramm-kindertagespflege.de

Deutsches Jugendinstitut: Tätigkeitsbegleitende Fortbildung für Tagespflegepersonen,
Qualifizierungsmodul: Beobachten und Dokumentation die Bildungs- und Lerngeschichten in der Kindertagespflege, Aktionsprogramm Kindertagespflege, Eigenverlag München 2009, http://www.fruehe-chancen.de

Deutsches Jugendinstitut: Tätigkeitsbegleitende Fortbildung für Tagespflegepersonen,
Qualifizierungsmodul: Zusammenarbeit mit Eltern in der Kindertagespflege, Eigenverlag München 2009,
http://www.fruehe-chancen.de

Deutsches Jugendinstitut: Tätigkeitsbegleitende Fortbildung für Tagespflegepersonen,
Qualifizierungsmodul: Sprachentwicklung – Sprechen – Sprachverständnis in der Kindertagespflege, Eigenverlag München 2009, http://www.fruehe-chancen.de

Deutsches Jugendinstitut: Tätigkeitsbegleitende Fortbildung für Tagespflegepersonen,

Qualifizierungsmodul: Stressvermeidung und Stressbewältigung in der Kindertagespflege, Eigenverlag München 2009, http://www.fruehe-chancen.de

Deutscher Paritätischer Wohlfahrtsverband – Landesverband Sachsen e. V.: Vernetzung – Stärkung – Professionalisierung der familiennahen Kindertagespflege in Sachsen, Untersuchung und Empfehlungen der Informations- und Koordinierungsstelle Kindertagespflege in Sachsen, Eigenverlag Dresden 2011.

Dichans, Wolfgang: Bedeutung, Rolle und Aufgabe der Fachberatung im Bereich der Tagesbetreuung von Kindern aus bundespolitischer Sicht, NDV Februar 2009, S. 72–74.

Diller-Murschall, Ilsa, Haucke, Karl und Breuer, Anne (Hrsg.): Qualifizierung lohnt sich! – Perspektiven der Fachberatung für Kindertageseinrichtungen, Lambertus Verlag Freiburg 1997.

Divivere von, Beate und Irskens, Beate: »Mit uns auf Erfolgskurs« – Fachberatung in Kindertagesstätten, Kongressdokumentation, Deutscher Verein Berlin 1996.

Friesinger, Theresia: Braucht Fachberatung ein Gesicht?
Richtlinien für ein klares, professionelles und bundeseinheitliches Berufsbild der Fachberatung für Kindertagesstätten mit kurz-, mittel-und langfristigen Perspektiven, Grin-Verlag München 2008.

Graf, Pedro und Spengler, Maria: Leitbild- und Konzeptentwicklung, blaue Reihe, Ziel-Verlag Augsburg 2008.

Gröning, Katharina: Pädagogische Beratung, Konzepte und Positionen, VS Verlag für Sozialwissenschaften Wiesbaden 2006.

Hammes-Di-Bernado, Eva, Hebenstreit-Müller, Sabine: Innovationsprojekt Frühpädagogik, Professionalität im Verbund von Praxis, Forschung, Aus- und Weiterbildung, Schneider-Verlag Baltmannsweiler 2005.

Hense, Margarita (Hrsg.):
- Zur Wirksamkeit der Fachberatung – eine empirische Studie, Dissertation zur Erlangung des Doktorgrades an der Fakultät für Psychologie und Sportwissenschaften der Universität Bielefeld, August 2008.

– Fachberatung für Kindertageseinrichtungen, Vandenhoeck & Ruprecht Göttingen 2010.

Hinke-Ruhnau, Jutta: Bildungsvereinbarung – Vertrag zwischen Kindertagespflegeperson und Eltern, Total Quality Life, Eigenverlag Krefeld 2009, www.total-quality-life.de

Hinke-Ruhnau, Jutta: Qualitätsentwicklung in der Kindertagespflege, Carl Link Verlag Kronach 2010.

Hinke-Ruhnau, Jutta: Curriculum: Qualifizierte Kinderfrau, Total Quality Life, Eigenverlag Krefeld 2012.

Institut für soziale Arbeit e. V. (Hrsg.): Handlungskompetenz bei Kindeswohlgefährdung im Kontext der Kindertagespflege. Fortbildungsmodul für Tagespflegepersonen, Münster 2008, www.kindesschutz.de/Externes/ISA-0099Handr-Kindeswohlgef.pdf

Irskens, Beate und Preissing, Christa: – Damit wir wissen, was wir tun!

Methoden zur Erstellung eines pädagogischen Konzeptes im Team, Eigenverlag des Deutschen Vereins für öffentliche private Fürsorge, Frankfurt am Main 1990.

Irskens, Beate und Engler, Renate: – Fachberatung zwischen Beratung und Politik – Eine kritische Bestandsaufnahme, Materialien für die sozialpädagogische Praxis, Nr. 23, Eigenverlag des Deutschen Vereins für öffentliche und private Fürsorge, Berlin 1992.

– von der Hinterbühne auf die Vorderbühne – Schlüsselrolle der Fachberatung in Transfer- und Vernetzungsprozessen; in: Innovationsprojekt Frühpädagogik, Professionalität im Verbund von Praxis, Forschung, Aus- und Weiterbildung, Schneider-Verlag Baltmannsweiler 2005.

Janssen, Rolf: Die Ausbildung frühpädagogischer Fachkräfte an Berufsfachschulen und Fachschulen, WIFF- Weiterbildungsinitiative, Deutsches Jugendinstitut München 2010.

Klug, Sonja Ulrike: Konzepte ausarbeiten – schnell und effektiv, Tools und Techniken für Pläne, Berichte und Projekte, BusiniessVillage Göttingen 2008.

Landkreis Eichsfeld: Konzept der Fachberatung für den Bereich der frühkindlichen Pädagogik im Landkreis Eichsfeld, in Anlehnung an das Arbeitspapier des Thüringer Ministeriums für Bildung: Wissenschaft und Kultur vom 21.6.2010, Beratungsunterlagen zur Sitzung des Jugendhilfeausschusses am 16. November 2010, www.kreis-eic.de

Landkreis Friesland: Konzeption Kindertagespflege. Familien- und Kinderservicebüro/Fachbereich 22/Jugend und Familie, Beratungs- und Koordinierungsstelle für den Elementarbereich frühkindliche Bildung und Erziehung, Juni 2007, www.familien-mit-zukunft.de

Little Bird: www.business.little-bird.de

Mahlmann, Regina: Konflikte managen – psychologische Grundlagen, Modelle und Fallstudien, 2. Auflage, Beltz-Verlag Weinheim, 2000.

Miedaner, Lore (Hrsg.): Balanceakt Fachberatung – Fachberatung für Kindertageseinrichtungen im Spannungsfeld zwischen Anspruch und Alltag, Hochschule für Sozialwesen, Esslingen am Neckar 2002.

Münch, Theresia und Textor, Martin, R. (Hrsg): Kindertagesbetreuung für unter Dreijährige zwischen Ausbau und Bildungsauftrag, Deutscher Verein Berlin 2009.

Münch, Theresia: Fachberatung für Kindertagesbetreuung – ein (vergessenes) Qualitätserfordernis. In: Kindertagesbetreuung für unter Dreijährige zwischen Ausbau und Bildungsauftrag, Deutscher Verein Berlin 2009, S. 212–224.

Münder, Johannes: 20 Jahre SGB VIII – Motor für die Entwicklung der Kinder- und Jugendhilfe? In: Nachrichten des Deutschen Vereins September 2009, S. 378–383.

Netzwerk: Fördertöpfe für Vereine, selbstorganisierte Projekte und politische Initiativen, hrsg. V. Netzwerk Selbsthilfe e. V., 11. vollständig überarbeitete und erweiterte Auflage Berlin 2011.

Niedersächsisches Ministerium für Soziales, Frauen, Familie, Gesundheit und Integration: Geschlechtergerechte Erziehung, Bildung und Betreuung in der Kindertagespflege, Curriculum Gender in der Kindertagespflege, Eigenverlag Hannover 2011.

Noyon, Alexander und Heidenreich, Thomas: Schwierige Situationen in Therapie und Beratung, Beltz-Verlag Weinheim 2009.

Nubbek: Nationale Untersuchung zur Bildung, Betreuung und Erziehung – Fragestellungen und Ergebnisse im Überblick, Berlin 2010, www.nubbek.de

Pädquis: Evaluierung der Personalausstattung in Kindertageseinrichtungen sowie Struktur und Angebote der Fachberatung für Kindertageseinrichtungen und Kindertagespflege in Sachsen, 2008.

Rechtsgrundlagen der Beratung: Empfehlungen und Hinweise für die Praxis, Bundeskonferenz für Erziehungsberatung, bke-Verlag Fürth 2009.

Sachsen: Empfehlungen des Landesjugendamtes Sachsen zur Fachberatung in Kindertageseinrichtungen und in Kindertagespflege, verabschiedet vom Landesjugendhilfeausschuss am 1.3.2012.

Curriculum zum sächsischen Bildungsplan, Empfehlung zur Durchführung der Weiterbildung für Tagesmütter und Tagesväter, www.kita-bildungsserver.de

Sander, Klaus und Ziebertz, Torsten: Personenzentrierte Beratung – Lehren – Lernen – Anwenden, ein Arbeitsbuch für die Weiterbildung. Frank & Timme Verlag Berlin 2006.

Schäfer, Gerd, E.: Bildung beginnt mit der Geburt – ein offener Bildungsplan für Kindertageseinrichtungen in Nordrhein-Westfalen, Cornelsen Verlag, Berlin 2002.

Schaub, Horst und Zenke, Karl, G.: Wörterbuch Pädagogik, dtv-Verlag Müchen 2000.

Schiersmann, Christiane; Bachmann, Miriam; Dauner, Alexander und Weber, Peter: Qualität und Professionalität in Bildungs- und Berufsberatung, W. Bertelsmann Verlag Bielefeld 2008.

Sickendiek, Ursel; Engel, Frank und Nestmann, Frank: Beratung – Eine Einführung in sozialpädagogische und psychosoziale Beratungsansätze, Juventa-Verlag Weinheim, 2. Aufl. 2002.

Spiegel von, Hiltrud: So macht man Konzeptentwicklung in der Kinder- und Jugendarbeit – eine praktische Anleitung. In: Konzeptentwicklung in der Kinder- und Jugendarbeit. Reflexionen und Arbeitshilfen für die Praxis, hrsg. v. Sturzenhecker, Benedikt und Deinet, Ulrich, Juventa-Verlag Weinheim 2009, S. 51- 95.

Stimmer, Franz (Hrsg.): Lexikon der Sozialpädagogik und der Sozialarbeit, Oldenbourg Verlag München 2000.

Tagespflegebüro Niedersachsen: Handbuch Öffentlichkeitsarbeit für die Kindertagespflege in Niedersachsen, hrsg. Projekt Tagespflegebüro Niedersachsen, 2007.

Taprogge-Essaida, Mirjam: Rechtliche Grundlagen und Rahmenbedingungen der Kindertagespflege, Schülerbuch: Sprungbrett Soziales, Cornelsen-Verlag Berlin 2011.

Thüringen: Thüringer Kindertageseinrichtungsgesetz – TürKitaG – wo 16.12.2005, zuletzt geändert durch Artikel 1 des Gesetzes zur Änderung des Thüringer Kindertageseinrichtungsgesetzes und anderer Gesetze vom 4. Mai 2010.
Konzept der Fachberatung für den Bereich der frühkindlichen Pädagogik im Landkreis Eichsfeld in Anlehnung an das Arbeitspapier des Thüringer Ministeriums für Bildung, Wissenschaft und Kultur vom 21.6.2010,
www.kreis-eic.de/landkr
ThürKiTAG: www.thueringen.de

Vierheller, Iris; Teichmann-Krauth, Cornelia: Recht und Steuern in der Kindertagespflege, Grundlagen und Empfehlungen für die Praxis, Carl Link Verlag Kronach 2011.

Wenzel, Peter: Laßt uns das tun, was wir anderen raten. In: Welt des Kindes, 1/1999, S. 20–24.

Anschriften der Landesjugendämter:

Bundesland:	**Anschrift Leiterin/Leiter des Landesjugendamtes:**	**Telefon/Telefax/Internet/ E-Mail:**
Baden-Württemberg	Kommunalverband für Jugend und Soziales Baden-Württemberg Dezernat Jugend – Landesjugendamt Lindenspürstr. 39 70176 Stuttgart **Leiter:** Roland Kaiser	Tel.: 0711 6375–0 Fax: 0711 6375–449 http://www.kvjs.de roland.kaiser@kvjs.de
Bayern	Zentrum Bayern Familie und Soziales Bayerisches Landesjugendamt Marsstraße 46 80335 München **Leiterin:** Stefanie Krüger	Tel.: 089 1261–04 Fax: 089 1261–2412 www.blja.bayern.de stefanie.krueger@zbfs-blja.bayern.de
Berlin	Senatsverwaltung für Bildung, Jugend und Wissenschaft Jugend und Familie, Landesjugendamt Bernhard-Weiß-Str. 6 10178 Berlin **Komm. Leiter:** Sven Nachmann	Tel.: 030 90227–5050 Fax: 030 90227–5315 www.berlin.de sven.nachmann@senbwf.berlin.de
Brandenburg	Landesjugendamt des Landes Brandenburg Hans-Wittwer-Str. 6 16321 Bernau **Leiter:** Karsten Friedel	Tel.: 03338 701–801 Fax: 03338 701–802 www.lja.brandenburg.de karsten.friedel@lja.brandenburg.de

Bundesland:	Anschrift Leiterin/Leiter des Landesjugendamtes:	Telefon/Telefax/Internet/ E-Mail:
Bremen	Die Senatorin für Arbeit, Frauen, Gesundheit, Jugend und Soziales Landesjugendamt Contrescarpe 72 28195 Bremen **Leiter:** Dr. Michael Schwarz	Tel.: 0421 361–0 Fax: 0421 361–2155 www.jugendinfo.de/landes-jugendamt michael.schwarz@soziales.bremen.de
Hamburg	Behörde für Soziales, Familie, Gesundheit und Verbraucherschutz Amt für Familie Überregionale Förderung und Beratung/ Landesjugendamt – FS 4 Adolph-Schönfelder-Str. 5 22083 Hamburg **Leiter:** Uwe Riez	Tel.: 040 42863–0 Fax: 040 42863–3446 www.hamburg.de/familie uwe.riez@basfi.hamburg.de
Hessen	Hessisches Sozialministerium Abteilung II – Familie Dostojewskistr. 4 65187 Wiesbaden **Leiterin:** Cornelia Lange	Tel.: 0611 817–0 Fax: 0611 817–3260 http://www.sozialministerium.hessen.de/ cornelia.lange@hsm.hessen.de
Mecklenburg-Vorpommern	Landesamt für Gesundheit und Soziales Mecklenburg-Vorpommern Abteilung Jugend und Familie, Landesjugendamt Neustrelitzer Str. 120 17033 Neubrandenburg **Leiter/in:** N. N.	Tel.: 0395 380–3300 Fax: 0395 380–3302 www.lagus.mv-regierung.de michael.steinsiek@lagus.mv-regierung.de

Bundesland:	**Anschrift Leiterin/Leiter des Landesjugendamtes:**	**Telefon/Telefax/Internet/ E-Mail:**
Niedersachsen	Niedersächsisches Landesamt für Soziales, Jugend und Familie Außenstelle Hannover Fachgruppe Kinder, Jugend und Familie Am Waterlooplatz 11 30169 Hannover **Leiter:** Klaus Niersmann	Tel.: 0511 106–0 Fax: 0511 106–7522 www.soziales.niedersachsen.de klaus.niersmann@ls.niedersachsen.de
Nordrhein-Westfalen – Rheinland –	Landschaftsverband Rheinland LVR-Landesjugendamt Kennedy-Ufer 2 50679 Köln **Leiter:** Reinhard Elzer	Tel.: 0221 8273–2991 Fax: 0221 8273–3018 http://www.lvr.de reinhard.elzer@lvr.de
Nordrhein-Westfalen – Westfalen-Lippe –	Landschaftsverband Westfalen-Lippe LWL – Landesjugendamt Westfalen Warendorfer Str. 25 48145 Münster **Leiter:** Hans Meyer	Tel.: 0251 591–01 Fax: 0251 591–275 www.lwl-landesjugendamt.de frauke.bley@lwl.org
Rheinland-Pfalz	Landesamt für Soziales, Jugend und Versorgung Rheinland-Pfalz Landesjugendamt Rheinallee 97–101 55118 Mainz **Leiterin:** Birgit Zeller	Tel.: 06131 967–289 Fax: 06131 967–365 http://www.lsjv.rlp.de/kinder-jugend-und-familie/ zeller.birgit@lsjv.rlp.de
Saarland	Ministerium für Arbeit, Familie, Prävention, Soziales und Sport Landesjugendamt Franz-Josef-Röder-Straße 23 66119 Saarbrücken **Leiterin:** Marliese Blum	Tel.: 0681 501–2081 Fax: 0681 501–3416 www.landesjugendamt.saarland.de p.dohle@arbeit.saarland.de

Bundesland:	**Anschrift Leiterin/Leiter des Landesjugendamtes:**	**Telefon/Telefax/Internet/ E-Mail:**
Sachsen	Sächsisches Staatsministerium für Soziales und Verbraucherschutz Landesjugendamt Parkstraße 28 09120 Chemnitz **Leiterin:** Ursula Specht	Tel.: 0371 24081–100 Fax: 0371 24081–198 www.lja.sms.sachsen.de/ ursula.specht@lja.sms.sachsen.de
Sachsen-Anhalt	Landesverwaltungsamt Referat Jugend Landesjugendamt Ernst-Kamieth-Str. 2 06122 Halle **Leiter:** Andreas Gramatke	Tel.: 0345 514–1625 Fax: 0345 514–1012 http://www.sachsen-anhalt.de andreas.gramatke@lvwa.sachsen-anhalt.de
Schleswig-Holstein	Ministerium für Arbeit, Soziales und Gesundheit des Landes Schleswig-Holstein Landesjugendamt Adolf-Westphal-Str. 4 24143 Kiel **Leiterin:** Dr. Silke Duda	Tel.: 0431 988–0 Fax: 0431 988–2618 www.schleswig-holstein.de peter.schoch@sozmi.landsh.de
Thüringen	Thüringer Ministerium für Soziales, Familie und Gesundheit Abt. 3 – Jugend, Familie, Sport, Landesjugendamt Werner-Seelenbinder-Str. 6 99096 Erfurt **Leiterin:** Martina Reinhardt	Tel.: 0361 3798–300 Fax: 0361 3798–830 www.thueringen.de/de/tmsfg/familie/landesjugendamt martina.reinhardt@tmsfg.thueringen.de

Bundesland:	**Anschrift Leiterin/Leiter des Landesjugendamtes:**	**Telefon/Telefax/Internet/ E-Mail:**
BAG Landesjugend-ämter	Bundesarbeitsgemeinschaft Landesjugendämter Landesjugendamt Rheinland-Pfalz Rheinallee 97–101 55118 Mainz **Vorsitzende:** Birgit Zeller	Tel.: 06131 967–162 Fax: 06131 967–365 www.bagljae.de bagljae@lsjv.rlp.de zeller.birgit@lsjv.rlp.de